essentials

essentials liefern aktuelles Wissen in konzentrierter Form. Die Essenz dessen, worauf es als „State-of-the-Art" in der gegenwärtigen Fachdiskussion oder in der Praxis ankommt. *essentials* informieren schnell, unkompliziert und verständlich

- als Einführung in ein aktuelles Thema aus Ihrem Fachgebiet
- als Einstieg in ein für Sie noch unbekanntes Themenfeld
- als Einblick, um zum Thema mitreden zu können

Die Bücher in elektronischer und gedruckter Form bringen das Expertenwissen von Springer-Fachautoren kompakt zur Darstellung. Sie sind besonders für die Nutzung als eBook auf Tablet-PCs, eBook-Readern und Smartphones geeignet. *essentials:* Wissensbausteine aus den Wirtschafts-, Sozial- und Geisteswissenschaften, aus Technik und Naturwissenschaften sowie aus Medizin, Psychologie und Gesundheitsberufen. Von renommierten Autoren aller Springer-Verlagsmarken.

Weitere Bände in der Reihe http://www.springer.com/series/13088

Argang Ghadiri · Theo Peters

Betriebliches Gesundheitsmanagement in digitalen Zeiten

Springer Gabler

Argang Ghadiri
Hochschule Bonn-Rhein-Sieg
Sankt Augustin, Deutschland

Theo Peters
Hochschule Bonn-Rhein-Sieg
Sankt Augustin, Deutschland

ISSN 2197-6708   ISSN 2197-6716 (electronic)
essentials
ISBN 978-3-658-32430-8   ISBN 978-3-658-32431-5 (eBook)
https://doi.org/10.1007/978-3-658-32431-5

Die Deutsche Nationalbibliothek verzeichnet diese Publikation in der Deutschen Nationalbibliografie; detaillierte bibliografische Daten sind im Internet über http://dnb.d-nb.de abrufbar.

Planung/Lektorat: Angela Meffert
Springer Gabler ist ein Imprint der eingetragenen Gesellschaft Springer Fachmedien Wiesbaden GmbH und ist ein Teil von Springer Nature.
Die Anschrift der Gesellschaft ist: Abraham-Lincoln-Str. 46, 65189 Wiesbaden, Germany

Was Sie in diesem *essential* finden können

- Digitalisierung des Betrieblichen Gesundheitsmanagements und der Gesundheitsförderung
- Digitale Kommunikation im BGM
- Gesunde Führung unter Berücksichtigung digitaler Herausforderungen
- Gestaltung eines digitalen Arbeitsalltags

Vorwort

Spätestens mit Ausbruch der Corona-Pandemie sind digitale Maßnahmen im Betrieblichen Gesundheitsmanagement in den Fokus vieler Gesundheitsmanager in Unternehmen gerückt. Auch wenn die Digitalisierung insbesondere im Zusammenhang mit Gesundheit vielfach diskutiert wird, gilt es dennoch, Problemen hinsichtlich Akzeptanz und Umsetzung praxisnah zu begegnen.

Ein Gesundheitsmanager hat in diesen Zeiten jedoch nicht nur die Aufgabe, die Gesundheit(-spotenziale) der Belegschaft weiterhin zu erhalten und zu fördern, sondern auch, auf die besonderen Umstände in Zeiten von Lockdowns und Quarantäne einzugehen. Ängste und Unsicherheit dominieren in solchen Zeiten den Alltag, Kurzarbeit und Zwangsurlaub sind für viele Unternehmen der letzte Ausweg aus der Krise – die Auswirkungen auf die Psyche und Gesundheit der Mitarbeiter werden oftmals außer Acht gelassen, zumal sie auch nicht in dieser Form überhaupt bekannt sein können.

Daher möchten wir in diesem Essential darlegen, wie ein Betriebliches Gesundheitsmanagement von der Digitalisierung profitieren kann. Zunächst werden die Grundlagen von Betrieblichem Gesundheitsmanagement und Gesundheitsförderung dargestellt, woraufhin die aktuellen Trends im digitalen Betrieblichen Gesundheitsmanagement skizziert werden, um die Chancen und Herausforderungen digitaler Instrumente im Zusammenhang mit Gesundheitsmanagement genauer zu verstehen. Darauf folgen die besonderen Anforderungen an die Kommunikation, denn diese stellt Gesundheitsverantwortliche nicht nur vor (neue) technische Herausforderungen, sondern erfordert auch eine Anpassung der Kommunikationsinstrumente in Bezug auf Gesundheitssensibilisierung und Informationsverbreitung. Kommunikation spielt auch eine wesentliche Rolle für die Führungsarbeit, da Führungskräfte nun aus der Ferne und nicht mehr persönlich auf ihre Mitarbeiter treffen, wodurch sich soziale Beziehungen anders gestalten.

Die Führung auf Distanz spielt daher auch für die Gesundheit der Mitarbeiter eine wesentliche Rolle. Letztlich soll der digitale Arbeitsalltag im Homeoffice näher betrachtet werden, um auf diese „neue Arbeitsform" einzugehen und Chancen und Risiken darzustellen.

Argang Ghadiri
Theo Peters

Inhaltsverzeichnis

Über die Autoren

Argang Ghadiri ist wissenschaftlicher Mitarbeiter am Fachbereich Wirtschaftswissenschaften der Hochschule Bonn-Rhein-Sieg. Zu seinen Forschungsgebieten gehören das Betriebliche Gesundheitsmanagement, Arbeitspausen und Glück im organisationalen Kontext. Zudem ist er als Auditor für Betriebliches Gesundheitsmanagement tätig (Corporate Health Award) und verantwortet das Modul „Personal- und Organisationsentwicklung" im Weiterbildungsstudiengang „Prävention und Employability". Er studierte Betriebswirtschaftslehre in Sankt Augustin, St. Gallen, Duisburg und Helsinki. Bei Springer erschienen von ihm unter anderem „Trends im Betrieblichen Gesundheitsmanagement – Ansätze aus Forschung und Praxis" (zusammen mit Anabel Ternès und Theo Peters), „Neuroleadership – Grundlagen, Konzepte, Beispiele" (mit Theo Peters) sowie „Neuroleadership – A Journey Through The Brain for Business Leaders" (mit Andreas Habermacher und Theo Peters).

Kontakt: argang.ghadiri@h-brs.de

Prof. Dr. Theo Peters lehrt an der Hochschule Bonn-Rhein-Sieg unter anderem Betriebliches Gesundheitsmanagement, Personal- und Organisationsentwicklung sowie Neuroleadership. Seine aktuellen Forschungstätigkeiten erstrecken sich auf Neuroleadership, gesunde Führung und das Betriebliches Gesundheitsmanagement. Er studierte Betriebswirtschaftslehre in Aachen und im Anschluss Volkswirtschaftslehre an der Universität zu Köln, wo er auch seine Promotion ablegte. Außerdem ist Theo Peters Mitglied im Expertenbeirat zur Begutachtung betrieblicher Gesundheitssysteme in Deutschland (Corporate Health Award). Bei Springer erschienen von ihm unter anderem „Trends im Betrieblichen Gesundheitsmanagement – Ansätze aus Forschung und Praxis" (zusammen mit Argang

Ghadiri und Anabel Ternès), „Neuroleadership – Grundlagen, Konzepte, Beispiele" (mit Argang Ghadiri), „Neuroleadership – A Journey Through The Brain for Business Leaders" (mit Argang Ghadiri und Andreas Habermacher) sowie „Leadership – Traditionelle und moderne Konzepte".

Kontakt: theo.peters@h-brs.de

Betriebliches Gesundheitsmanagement – geht das auch digital?

1

Vorab eine kurze begriffliche Einführung, um besser in die Thematik einzusteigen. Man spricht von **Betrieblicher Gesundheitsförderung** (BGF), wenn die Gesundheit von Mitarbeitern mit konkreten Angeboten wie zum Beispiel aus den Bereichen Bewegung, Entspannung und Ernährung gefördert werden soll. Damit soll letztendlich die Gesundheitskompetenz der Mitarbeiter gestärkt und ausgebaut werden, um sich auch über den Berufsalltag mit dem Thema Gesundheit nachhaltig auseinanderzusetzen (ENWHP 2007; Huber 2010).

▶ **Gesundheitskompetenz** *„Gesundheitskompetenz umfasst das Wissen, die Motivation und die Fähigkeiten von Menschen, relevante Gesundheitsinformationen in unterschiedlicher Form zu finden, zu verstehen, zu beurteilen und anzuwenden, um im Alltag in den Bereichen der Krankheitsbewältigung, Krankheitsprävention und Gesundheitsförderung Urteile fällen und Entscheidungen treffen zu können, die ihre Lebensqualität während des gesamten Lebensverlaufs erhalten oder verbessern."* (Sørensen et al. 2012).

Teilweise werden die Begriffe Betriebliche Gesundheitsförderung und Betriebliches Gesundheitsmanagement in der Praxis synonym verwendet. Das **Betriebliche Gesundheitsmanagement** (BGM) geht nämlich „einen Schritt weiter", soll heißen, dass die gesundheitsförderlichen Angebote „gemanagt" werden. Dies geschieht vor dem Hintergrund, die Gesundheit der Belegschaft langfristig zu erhalten und auch zukünftig zu fördern, daher werden diese Angebote geplant, gesteuert und kontrolliert (Badura et al. 2013; Uhle und Treier 2019). So stellen sich unter anderem folgende Fragen:

- Was braucht die Belegschaft für Gesundheitsmaßnahmen?
- Welche Kurse wurden gut besucht, welche nicht?

A. Ghadiri und T. Peters, *Betriebliches Gesundheitsmanagement in digitalen Zeiten*, essentials, https://doi.org/10.1007/978-3-658-32431-5_1

1

- Mit welchen Abteilungen und Personen kann eine Synergie sinnvoll sein, um das Thema Gesundheit voranzutreiben?
- Welche Institutionen können außerhalb des Unternehmens unterstützen?
- Was haben die Kurse bewirkt?
- Konnten Fehltage reduziert werden, sind die Arbeitnehmer produktiver geworden?
- Hat die Arbeitszufriedenheit zugenommen?

Wenn einige dieser Fragen aufkommen und sie auch bearbeitet werden, dann sind das gute Hinweise auf das Vorliegen eines BGM. Ob nun eine trennscharfe Abgrenzung dazu beiträgt, dass Arbeitnehmer in der Praxis gesünder werden, sei dahingestellt. Doch eins kann festgehalten werden: Direkt für Arbeitnehmer „sicht- und wahrnehmbar" sind die konkreten Maßnahmen, die hauptsächlich der BGF zuzuordnen sind. Das Management erfolgt meist im „Verborgenen", dient aber dazu, dass die Maßnahmen gesteuert, geplant und kontrolliert werden – was sich dann früher oder später aber auch in den Angeboten widerspiegelt (Scholz et al. 2018).

In der Praxis ist oft zu beobachten, dass eine Empfehlung einschlägiger Institutionen oder eine Vorgabe des Gesetzgebers einen großen Motivationsschub für die Einführung gesundheitsförderlicher Maßnahmen auslösen können. Ob nun aus dem Arbeitsschutz oder Betrieblichen Eingliederungsmanagement (BEM): Diese für einige Unternehmen ersten Schritte bedeuten oftmals einen Startschuss für das Thema Gesundheit. Und wenn diese ersten Schritte gemacht sind, zeigen sich aus Arbeitgebersicht viele Vorteile, weshalb sich nach und nach immer mehr Maßnahmen zur Förderung der Gesundheit im Unternehmen feststellen lassen und im Idealfall in ein ganzheitliches und nachhaltiges BGM übergehen.

Ausgewählte Gesetze zur Betrieblichen Gesundheitsförderung
- **Präventionsgesetz (PrävG):** Gesetz zur Stärkung der Gesundheitsförderung und Prävention
- **Arbeitsschutzgesetz (ArbSchG):** Gesetz über die Durchführung von Maßnahmen des Arbeitsschutzes zur Verbesserung der Sicherheit und des Gesundheitsschutzes der Beschäftigten bei der Arbeit
- **Arbeitssicherheitsgesetz (ASiG):** Gesetz über Betriebsärzte, Sicherheitsingenieure und andere Fachkräfte für Arbeitssicherheit
- **Arbeitszeitgesetz (ArbZG):** unter anderem § 3 Arbeitszeit, § 4 Ruhepausen

- **Sozialgesetzbuch (SGB):** Betriebliches Eingliederungsmanagement (kurz: BEM) nach § 167 SGB IX (alt: § 84 Abs. 2 SGB IX)

Denn es zahlt sich für Unternehmen im wahrsten Sinne des Wortes aus, etwas für die Gesundheit der Mitarbeiter zu tun und diese zu fördern. Gesundheitsförderliche Angebote stellen nämlich in erster Linie die Leistungsfähigkeit der Mitarbeiter sicher. Am Beispiel von „gesunden Pausen", also Arbeitspausen, in denen Bewegungs- und/oder Entspannungsmöglichkeiten geboten werden, zeigt sich, dass Arbeitnehmer nach solchen Pausen nicht nur den Zeitverlust durch die Arbeitsunterbrechung durch eine höhere Produktivität kompensieren, sondern nach der Pause produktiver als vorher sind und sich zudem subjektiv besser fühlen. Damit geht auch die Reduzierung von Arbeitsunfällen einher und insgesamt sinken die Kosten, wenn Mitarbeiter aufgrund von Krankheit weniger fehlen. Zudem wirkt es sich positiv auf die Motivation der Mitarbeiter aus, wenn sich Unternehmen um ihre Mitarbeiter kümmern, also soziale Verantwortung übernehmen, wodurch Image und Arbeitgeberattraktivität steigen. Als attraktiver Arbeitgeber können Unternehmen qualifizierte Mitarbeiter langfristig halten, was aufgrund des demografischen Wandels zunehmend an Bedeutung gewinnt (Walter et al. 2019). Gleichzeitig ist der heutige Arbeitsalltag durch Digitalisierung und Technisierung geprägt, was gleichzeitig auch dazu führt, dass psychische und physische Erkrankungen zunehmen. Sich mit dem Thema Digitalisierung im Rahmen des BGM auseinanderzusetzen, ist daher nicht nur naheliegend, sondern unumgänglich.

1.1 Digitales Betriebliches Gesundheitsmanagement

In den letzten Jahren sind Gesundheits- und Lifestyle-Apps auf dem Smartphone genauso präsent geworden wie die Funktion, E-Mails abzurufen – auch das Angebot von Drittanbieter-Apps wird in den Appstores ständig größer. Doch nicht nur Apps sind zu einem großen Trend im Bereich der Gesundheit geworden, sondern auch sogenannte Wearables wie zum Beispiel Fitnessuhren und Schrittzähler erfreuen sich immer größer werdender Beliebtheit über fast alle Altersgruppen hinweg. Ihre Funktionalität beschränkt sich nicht auf das Zählen der Schritte, sondern analysiert auch Schlafgewohnheiten, kann die Ernährung kontrollieren, misst regelmäßig den Puls oder zeichnet sogar ein EKG auf, um Vorhofflimmern zu erkennen. Diese technischen Lifestyle-Errungenschaften bieten nicht nur im privaten Alltag zahlreiche Vorteile, sondern auch für Unternehmen stellen sie eine große Chance dar, um die Gesundheit ihrer Mitarbeiter im Rahmen des BGM zu fördern. Denn die Sensibilisierungsarbeit für das Thema Gesundheit wird durch solche Angebote zunehmend erleichtert und ein grundlegendes Interesse für Angebote aus den Bereichen Bewegung, Entspannung und Ernährung wird geschaffen. Die nachfolgende Definition beschreibt nicht nur ein neues Handlungsfeld im BGM, sondern strukturiert auch die relevanten Bereiche, die nachfolgend dargestellt werden (Kaiser und Matusiewicz 2018).

Digitales Betriebliches Gesundheitsmanagement *„Unter digitalem Betrieblichen Gesundheitsmanagement (dBGM) wird der Einsatz von digitalen Methoden und Instrumenten im Betrieblichen Gesundheitsmanagement verstanden. Hierzu werden verschiedene Methoden und Instrumente (wie beispielsweise Online-Coaching, Gesundheitsplattformen, Employee Assistance Programs (EAP), BGM-Komplettsysteme, Gesundheits-Apps und Wearables) zur Unterstützung des klassischen Betrieblichen Gesundheitsmanagements eingesetzt.“* (Kaiser und Matusiewicz 2018).

Aus der Definition werden fünf digitale Instrumente ersichtlich, die für das BGM eingesetzt werden können (siehe auch Abb. 1.1):

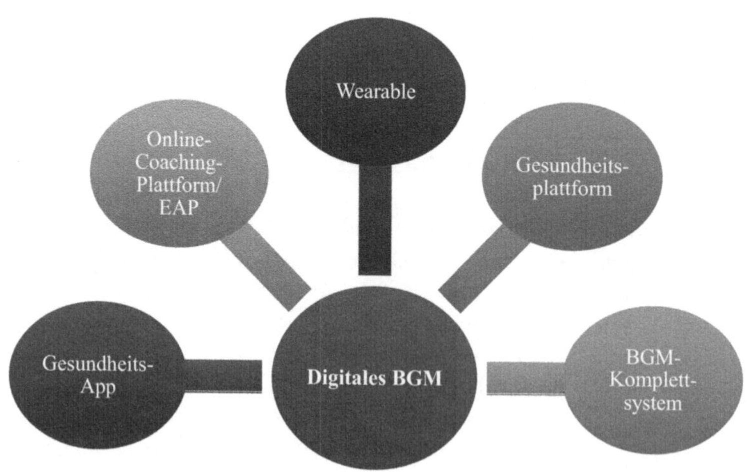

Abb. 1.1 Wesentliche Instrumente des Digitalen Betrieblichen Gesundheitsmanagements. (Quelle: Kaiser und Matusiewicz 2018, S. 3)

- Online-Coaching-Plattformen/EAP,
- Gesundheitsplattformen,
- Gesundheits-Apps,
- Wearables und
- BGM-Komplettsysteme.

Online-Coaching-Plattformen und ***Employee Assistance Programs (EAP)*** können von Mitarbeitern dafür genutzt werden, um nicht nur hinsichtlich beruflicher Aspekte (wie zum Beispiel Konflikte mit Kollegen oder Unzufriedenheit bei der Karriereentwicklung) Beratung zu erfahren, sondern auch im privaten Bereich Unterstützung zu bekommen (Rechtsberatung, familiäre Angelegenheiten wie Kinderbetreuung, Pflege von Angehörigen usw.). Diese Beratungsleistungen werden von externen Dienstleistern bereitgestellt und über Videotelefonie, Chat oder E-Mail zur Verfügung gestellt. Hier haben Mitarbeiter die Freiheit, anonym oder persönlich in Kontakt mit dem Berater zu treten sowie darüber zu entscheiden, ob die Kommunikation live oder zeitversetzt stattfindet. Der große Vorteil besteht darin, dass diese Kommunikation sehr flexibel gestaltet werden kann und orts- und zeitunabhängig ist. Die Art der Informationsbereitstellung ist geprägt vom Austausch mit dem Berater, wodurch eine individuelle Beratung stattfindet und Mitarbeiter diese Dienstleistung persönlicher erleben.

Gesundheitsplattformen weisen im Vergleich zum Online-Coaching/EAP einen stärker informierenden Charakter auf, da diese Portale meist als Intranet oder Wiki strukturiert sind und sowohl die Gesundheitsangebote im Unternehmen als auch Materialien zu relevanten Gesundheitsthemen bereitstellen, die über „einfache" Dokumente und Broschüren hinaus auch beispielsweise Online-Seminare oder Selbsttests beinhalten können. Auch wenn der Fokus bei solchen Portalen eher statischen Charakter aufweist, ist eine Interaktion in Form von Diskussionsforen möglich, um sich mit den Gesundheitsverantwortlichen und Mitarbeitern auszutauschen.

Gesundheits-Apps sind Applikationen für mobile Endgeräte, welche die Lifestyle-Themen Fitness und Bewegung, Ernährung, mentale Gesundheit usw. umfassen, und sind abzugrenzen von medizinischen Apps zur Behandlung von Erkrankten. Daten über den Gesundheitszustand können einfach aufgezeichnet, gespeichert und ausgewertet werden, wodurch individualisierte Empfehlungen zum Erhalt und zur Verbesserung des Wohlbefindens gegeben werden können. Eine weitere simple, aber dennoch wirksame Funktion sind (einstellbare) Erinnerungen, wie zum Beispiel bewusstes Atmen zur Entspannung, zum Wassertrinken,

Bewegen, Schlafengehen usw. Hier können auch spielerische Elemente zur Motivation (gamification) von Gesundheitsverhalten implementiert werden, die im Austausch mit anderen Nutzern dieser App zusätzlich ausgebaut werden können.

Wearables bezeichnen tragbare Computer (engl. wearable computer, kurz: wearables), die im Kontext von Gesundheit und Lifestyle hauptsächlich in Form von Armbanduhren genutzt werden. Durch die komplexe Technologie ähneln ihre Funktionalitäten denen eines Smartphones, weshalb sie auch ohne die Verknüpfung mit einem mobilen Endgerät genutzt werden können. Solche Wearables zeichnen aufgrund von angebrachten Sensoren eine Vielzahl an Vitaldaten auf, wie zum Beispiel den Blutdruck, den Puls oder ein (abgeleitetes) EKG. Wie bei Gesundheits-Apps können die Daten aufgezeichnet, gespeichert und ausgewertet werden, wobei die Visualisierung der Daten im Idealfall in Kombination mit einem Smartphone erfolgt. Ein entscheidender Vorteil von Wearables ist es, dass Erinnerungen noch besser an die situativen Bedingungen angepasst werden können, da sie aktuelle Daten für entsprechende Meldungen nutzen können (zum Beispiel „Aufstehen" nach einer längeren Pause ohne Bewegung etc.).

Ein ***BGM-Komplettsystem*** bedient sich der zuvor aufgezählten digitalen Instrumente, um diese in Form eines Managementsystems zusammenzubringen. Es beinhaltet Gesundheitsangebote, die online wahrgenommen werden können, und umfasst zum Beispiel Informationen, interaktive Online-Kurse, Wettbewerbe und Online-Coachings zu relevanten Gesundheitsthemen. Ferner implementieren BGM-Komplettsysteme die Managementaspekte wie zum Beispiel Arbeitssicherheit und -schutz und BEM.

Anhand der vorgestellten Instrumente wird deutlich, dass die Digitalisierung im BGM durchaus eine Reihe an Vorteilen bietet. Unternehmen können in erster Linie Kosteneinsparungen verzeichnen, wenn sie bedarfsgerechte Angebote digital bereitstellen und diese auch online kommunizieren. Anhand der Nutzungsdaten sind individualisierte Angebote möglich, die zeit- und ortsunabhängig durchgeführt werden können. Mittels Gesundheits-Apps und Wearables wird zudem durch Gamification-Ansätze eine höhere Motivation für Gesundheitsthemen möglich und – was besonders wichtig für eine ganzheitliche Betrachtung von Gesundheit ist – die Grenzen zwischen privater und beruflicher Gesundheit werden aufgehoben. Dem gegenüber stehen allerdings auch einige Aspekte, die nicht unberücksichtigt bleiben sollen. Ein großer Aspekt, der auch zukünftig (in Deutschland) eine wesentliche Rolle einnehmen wird, ist der Umgang mit den Daten, die (über digitale Instrumente) aufgezeichnet, gespeichert und ausgewertet werden. Es handelt sich hierbei um sensible Daten, deren Verarbeitung der Einwilligung des Mitarbeiters bedürfen. Daher bleibt abzuwarten, wie das dBGM zukünftig in der deutschen Unternehmenslandschaft angenommen und gelebt wird. Nichtsdestotrotz sind die dargestellten Instrumente des dBGM in der Praxis vorzufinden (Schirrmacher et al. 2018; Kaiser und Matusiewicz 2018).

1.2 Digitale Maßnahmen für die Gesundheitsförderung

Mit Blick auf die Praxis und das vielfältige Angebot von Krankenkassen und Dienstleistern lässt sich feststellen, dass nicht immer eine Präsenz am Arbeitsplatz notwendig ist, um gesundheitsförderliche Angebote in den Arbeitsalltag zu integrieren – dies geht auch aus dem Homeoffice. Am Beispiel der Techniker Krankenkasse soll dargestellt werden, wie ein gelungenes Angebot aussehen kann, um seinen Mitarbeitern auch in digitalen Zeiten ein hochwertiges Gesundheitsangebot zu ermöglichen. Mit dem sogenannten TK-GesundheitsCoach bietet die Techniker Krankenkasse ihren Versicherten seit 2005 Online-Maßnahmen in folgenden Bereichen:

- **Ernährung:** Ernährung analysieren und protokollieren, Speiseplan mit individuell angepassten Rezepten, Erinnerungen/Challenges (Verhaltensziele wie zum Beispiel genug Wasser trinken, Obst essen), Gewicht reduzieren bzw. halten
- **Fitness:** Individueller Trainingsplan mit Workouts, Übungsvideos zum Mitmachen, Trainingstipps
- **Mentale Gesundheit:** Individuelle Stressfallen und Ressourcen analysieren, Stress und Wohlbefinden protokollieren, Erinnerungen/Challenges (Verhaltensziele wie zum Beispiel Buch lesen), Videokurse zu Yoga, Atem- und Muskelentspannung
- **Sucht:** Nichtraucher-Coaching, Mechanismen des Rauchverhaltens analysieren, Verhaltensvorschläge und Gegenstrategien nach dem Rauchstopp

Die Angebote sind als Coaching aufgebaut, wodurch eine Begleitung über einen längeren Zeitraum gewährleistet wird. Sie stellen also keine einmaligen Angebote dar, sondern ein Programm, das ständig zur Teilnahme motiviert, Erfolge (und auch Fehlschläge) protokolliert und entsprechend die vor Aufnahme des Coachings gesetzten Gesundheitsziele anpasst (Techniker Krankenkasse 2020).

Auch wenn eingangs eine trennscharfe Unterscheidung von BGM und BGF vorgenommen wurde, muss an dieser Stelle angemerkt werden, dass insbesondere bei Betrachtung der digitalen Instrumente eine klare Abgrenzung teilweise nicht mehr eindeutig erfolgen kann. Die Instrumente können nämlich zum Management aufgrund der generierten Daten und Informationen beitragen, während sie aber als Maßnahme von den Mitarbeitern genutzt werden. Statt Instrumente voneinander abzugrenzen, gilt es vielmehr, diese im Rahmen einer Kommunikationsstrategie sinnvoll zu integrieren, um Mitarbeiter für Gesundheitsthemen zu sensibilisieren und zur Teilnahme an entsprechenden Angeboten zu motivieren.

Literatur

Badura, B., Greiner, W., Rixgens, P., Ueberle, M., & Behr, M. (2013). Sozialkapital – Grundlagen von Gesundheit und Unternehmenserfolg (2. Aufl.). Wiesbaden: Springer Gabler.

ENWHP (2007). Luxemburger Deklaration zur betrieblichen Gesundheitsförderung in der Europäischen Union. https://www.dnbgf.de/fileadmin/downloads/materialien/dat eien/Luxemburger_Deklaration_09_11.pdf. Zugegriffen: 1. Oktober 2020.

Huber, S. (2010). Betriebliches Gesundheitsmanagement und Personalmanagement. In Esslinger, A.S., Emmert, M., & Schöffski, O. (Hrsg.) Betriebliches Gesundheitsmanagement – Mit gesunden Mitarbeitern zu unternehmerischem Erfolg (S. 67–87). Wiesbaden: Springer Gabler.

Kaiser, L., & Matusiewicz, D. (2018). Effekte der Digitalisierung auf das Betriebliche Gesundheitsmanagement (BGM). In: Matusiewicz, D., Kaiser, L. (Hrsg.): Digitales Betriebliches Gesundheitsmanagement (S. 1–34). Wiesbaden: Springer Gabler.

Schirrmacher, L., Betz, M., Brand, S. (2018). Einsatz von digitalen Instrumenten im Rahmen des BGM. In: Pfannstiel, M., & Mehlich, H. (Hrsg.) BGM – Ein Erfolgsfaktor für Unternehmen (S. 317–328). Wiesbaden: Springer Gabler.

Scholz, A., Singh, U., Ghadiri, A., & Peters, T. (2018). Nachhaltiges betriebliches Gesundheitsmanagement – Empfehlungen für die Implementierung in der Praxis. In: Gadatsch, A., Ihne, H., Monhemius, J., & Schreiber, D. (Hrsg.) Nachhaltiges Wirtschaften im digitalen Zeitalter (345–356). Wiesbaden: Springer Gabler.

Sørensen, K., Van den Broucke, S., Fullam, J., Doyle, G., Pelikan, J. M., Slonska, Z., Brand, H., & HLS-EU Consortium (2012). Health Literacy and Public Health: A Systematic Review and Integration of Definitions and Models. BMC Public Health 12(1), 1–13.

Techniker Krankenkasse (2020). TK-GesundheitsCoach. https://www.tk.de/techniker/ges undheit-und-medizin/praevention-und-frueherkennung/tk-gesundheitscoach-2023460. Zugegriffen: 1. Oktober 2020.

Uhle, T., & Treier, M. (2019). Betriebliches Gesundheitsmanagement. Wiesbaden: Springer.

Walter, N., Scholz, R., Nikoleizig, L., Alfermann, D. (2019). Digitale betriebliche Gesundheitsförderung. Zentralblatt für Arbeitsmedizin, Arbeitsschutz und Ergonomie 69, 341–349.

Kommunikation im digitalen BGM

Im Rahmen des BGM sind viele Unternehmen mit der Herausforderung konfrontiert, ihre Mitarbeiter vom Nutzen ihrer vielfältigen Angebote zu überzeugen und generell für das Thema Gesundheit zu motivieren. Die Motivation äußert sich in erster Linie bei den Anmeldungen zu Maßnahmen aus dem Bereich der Gesundheitsförderung, ob nun die Bewegungspause live im Büro stattfindet oder per Videokonferenz. Je nach Organisationskultur bzw. Branche müssen jedoch viele Vorurteile oder Klischees, aber auch Widerstände gegenüber gesundheitsförderlichen Maßnahmen überwunden werden (Badura et al. 2010). In einigen Branchen kann es sogar zu einem derart großen sozialen Druck kommen, dass Mitarbeiter auf eine Teilnahme verzichten, damit sie nicht von ihren Kollegen Geringschätzung oder sogar Mobbing erfahren. Darüber hinaus unterscheidet sich die Motivation der Mitarbeiter, Gesundheitsangebote anzunehmen stark. Neben gesundheitsaffinen Mitarbeitern, welche meist leichter zu einer Teilnahme motiviert werden können, gibt es weniger gesundheitsaffine Mitarbeiter, bei denen größere Hürden zu überwinden sind, die meist nur durch eine gezielte Kommunikation bewältigt werden können. Doch aus Kostengründen ist eine persönliche Kommunikation nicht immer möglich. Daher erfolgt die Verbreitung und Kommunikation zum Gesundheitsprogramm meist unternehmensweit, um möglichst viele Mitarbeiter anzusprechen, was dann wieder höhere Teilnahmequoten generiert (Nöhammer et al. 2014). Aber auch hier haben sich die Bedingungen in den letzten Jahrzehnten drastisch gewandelt: Durch Globalisierung, Digitalisierung und Flexibilisierung verändert sich die Arbeitswelt und so muss sich auch das BGM anpassen, insbesondere in Bezug auf die Kommunikation (Halbe-Haenschke und Reck-Hog 2017). Denn Gesundheit stellt insgesamt ein sensibles Thema dar – das ist nicht von der Hand zu weisen. Der persönliche Kontakt zum Gesundheitsverantwortlichen ist wichtig und erfordert großes Vertrauen und Empathie, was meist in der persönlichen Kommunikation, real und nicht über die Webcam erfolgt. Doch auch diese Anforderungen sind in der heutigen digitalen Zeit nicht in Stein gemeißelt und unterliegen einem ständigen Wandel. Die Anonymität über das Internet kann zudem Chancen eröffnen, die bisher nicht genutzt werden konnten, und damit Mitarbeiter erreichen, die sonst für Gesundheitsangebote nicht zu motivieren waren. Durch verstärkte digitale interne Kommunikation im Rahmen von Information und Dialog können so Standorte, fachliche Grenzen, unterschiedliche Interessen und Hierarchien überbrückt werden (Krämer et al. 2020).

2.1   Interne Kommunikation

Erfolgreiche interne Kommunikation im Rahmen eines dBGM zeichnet sich im Wesentlichen durch drei Aufgabenbereiche aus (Halbe-Haenschke und Reck-Hog 2017):

1. Mitarbeiter sollen für Gesundheit sensibilisiert (Schritt 1: Sensibilisierung),
2. über bestimmte Angebote informiert (Schritt 2: Informationsverbreitung) und letztendlich
3. zur Teilnahme motiviert werden (Schritt 3: Motivation).

Im ersten Schritt, der Sensibilisierung, muss ein grundlegendes Bewusstsein für das Thema Gesundheit geschaffen werden. Hierbei sollten Fragen nach einer optimalen Arbeitsweise und der aktuellen Situation von Gesundheitsverantwortlichen bzw. Führungskräften und Mitarbeitern in einem Austausch auf Augenhöhe geklärt werden. Dabei spielt das Vernachlässigen von Hierarchiestufen eine zentrale Rolle. Die Führungskraft sollte ein großes Maß an Empathie aufbringen, damit die Mitarbeiter auf einer vertrauensvollen Ebene ihre Bedürfnisse, Hemmnisse und Bedenken äußern können. Auf Ebene der Informationsverbreitung sollen die Rolle des BGM für die Produktivität und Gesundheit erklärt und konkrete Angebote des BGM vorgestellt werden. Dabei ist zu beachten, dass möglichst alle Führungskräfte und Mitarbeiter erreicht werden und die Informationen gut verständlich und an eine möglichst breite Masse weitergegeben werden. Letztlich kommt es bei der Motivation dann darauf an, die BGM-Programme entsprechend zu bewerben und einen Fokus auf Optimierung, Reflexion und Gesundheitsbewusstsein zu legen. Die im dBGM verbreiteten Instrumente dienen dabei als ideale Plattformen, um den Austausch und die Verbreitung zu bewerkstelligen, nebst der bisher etablierten digitalen Kommunikationsmöglichkeiten wie Videotelefonie, E-Mail-Verkehr etc. Die Inhalte sollten im Idealfall auch auf unterhaltsame Weise und mit emotionalisierten Botschaften übermittelt werden (Montua 2020).

Bei der Entwicklung einer digitalen Kommunikationsstrategie kann sich ein Unternehmen auf abstrakter Ebene zwischen Push- und Pull-Kommunikation oder einer Kombination der beiden Formen entscheiden. Bei der Push-Kommunikation liegt die Hauptaufgabe beim Unternehmen selbst, welches die Informationen zum Gesundheitsmanagement sowie zu aktuellen Angeboten und Änderungen aktiv an die Mitarbeiter über einschlägige digitale Kanäle weitergibt. Anders bei der Pull-Kommunikation: Hier liegt es bei den Mitarbeitern, aktiv nach Informationen und Angeboten bei bestehenden Kanälen bzw. Kommunikationsinstrumenten und Plattformen zu suchen (Pleil und Helferich 2019). Je nach Branche und Zielgruppe hat es sich bewährt, eine Kombination beider Formen zu verfolgen. Bei der Push-Variante werden die Mitarbeiter mit sämtlichen Informationen versorgt, deshalb könnte eine Form der Sättigung bzw. Überflutung stattfinden, während beim Pull Mitarbeiter unter Umständen nicht über die Zeit verfügen, Informationen zu recherchieren und aktiv zu suchen. Ziel der Kommunikationsstrategie sollte es sein, das richtige Maß an Sensibilisierung zu erreichen, um dann die Mitarbeiter aktiv zu fordern, ihre Gesundheitskompetenz zu erhalten und auszubauen, indem sie durch eigene Recherchen Informationen und Angebote auf den einschlägigen Kanälen finden.

Die interne Kommunikation sollte zeitnah, transparent und an den Adressaten orientiert erfolgen. Hierbei ist es von entscheidendem Vorteil, dass die dynamischen Elemente wie Chat und Forenaustausch in den entsprechenden Plattformen transparent und zeitnah gepflegt werden, damit die Mitarbeiter sich „gehört" fühlen und in ihrem Gesundheitsverhalten nachhaltig motiviert werden. Dazu gehört auch, dass sich Führungskräfte aktiv in das Geschehen einbringen, durch Kommentare oder die Empfehlung von Angeboten. Ob nun im Marketing oder beim BGM – die Weiterempfehlung (nicht nur von Führungskräften, sondern auch Kollegen) spielt auch im Gesundheitsmanagement eine wesentliche Rolle. So sind Bewertungen (mit Sternchen) oder Weiterempfehlungen (mit Likes) ein simples, aber gleichzeitiges effizientes Tool, um in digitalen Plattformen die „Mundpropaganda" aufrechtzuerhalten. Walle betont zusätzlich die Wichtigkeit von transparentem und zeitnahem Feedback sowie frühzeitigen und fortlaufenden Informationen zum aktuellen Stand und möglichen Änderungen. Um die Motivation zur Teilnahme zu steigern, ist teilweise auch eine Kosten-Nutzen-Darstellung hilfreich – sofern der Nutzen einer Teilnahme höher ist als die Kosten (Walle 2018).

Auch sind die vielfältigen Darstellungsweisen von Daten und Informationen auf digitaler Ebene zu beachten, da diese dynamisch aktuelle Stände (zum

Beispiel Anzahl der gemachten Schritte bei einem Wettbewerb, Stand der Anmeldungen zu den Gesundheitsangeboten) wiedergeben können. Des Weiteren können anhand des Nutzungsverhaltens bezüglich bestimmter Angebote (Selbsttests, Online-Kurse) bedarfsgerechte Angebote entwickelt und kommuniziert werden. Zudem sind in der digitalen Kommunikation und der Bereitstellung von Daten vielfältige Möglichkeiten denkbar, wie zum Beispiel automatisierte Informationen (Walter et al. 2019), Tipps und Ratschläge in Kombination mit externen Datenquellen zu Grippewellen, dem Wetter oder gar Obst und Gemüse der Saison – um nur einige Beispiele zu nennen.

Klarheit und Eindeutigkeit sind zudem weitere wichtige Aspekte, an denen sich interne Kommunikation orientieren sollte. Einen besonderen Stellenwert nimmt die persönliche und dialogische Kommunikation ein, die auf digitaler Ebene durch Videotelefonie, E-Mails oder in Form von Chats und Foren mit Feedbackfunktion möglich ist. Insbesondere bei schriftlichen Aufzeichnungen ist auf eine klare Kommunikation zu achten. Einen großen Vorteil stellt hier nämlich die Transparenz dar, die insbesondere auf Gesundheitsportalen zur Geltung kommt, da der Austausch über Foren stattfindet. Dieser Austausch erfolgt über einen Initiator mit einem konkreten Anliegen, welches dann mit einem (Gesundheits-)Verantwortlichen geklärt wird, was sämtliche Mitglieder des Portals nachvollziehen können. Wenn sie möchten, können sie sich auch an der Diskussion beteiligen.

Neben diesen Vorteilen gilt es, bei der digitalen Kommunikation auch so manche Herausforderungen zu überwinden. Diese sollten bei der Erstellung einer Kommunikationsstrategie für ein dBGM berücksichtigt werden. Personelle und zeitliche Ressourcen sollten im Vorfeld ebenso wie die technische Infrastruktur analysiert und gegebenenfalls ausgebaut werden. So hoch auch die Motivation eines Mitarbeiters zur Teilnahme an Gesundheitsangebote ist – wochenlanges Warten auf eine Antwort im Forum des Gesundheitsportals führt zu Unzufriedenheit und Demotivation. Ebenso wie nicht funktionierende Chats oder welche, die „offline" sind. Auch die Unterstützung seitens der Führungskräfte sollte bereits im Vorfeld abgeklärt sein, sodass bei der Umsetzung keine Hürden aufgestellt werden, die hätten vermieden werden können. Wenn im Vorfeld abzusehen ist, dass sich Führungskräfte bei Diskussionen nicht einbringen wollen oder aus Zeitgründen nicht können, sollten die Beiträge der Mitarbeiter seitens der Plattformbetreiber/Gesundheitsverantwortlichen in Form von Zusammenfassungen bzw. Reports weitergeleitet werden, um über die Bedürfnisse der Mitarbeiter informiert zu sein.

Damit die Mitarbeiter nicht von der Masse an Informationen und Angeboten überflutet werden, ist es hilfreich, diese zuvor zu bündeln und nach Möglichkeit bedarfsgerecht weiterzugeben. Hierfür bieten sich Kategorien an, um Angebote und Informationsmaterialien übersichtlich einzubauen. Ferner sollte eine BGM-Kommunikationsstrategie neben der Werte- und Wissensvermittlung auch Möglichkeiten eines Mitarbeiter-Feedbacks beachten, um so die Identifikation mit dem Unternehmen, seinen Zielen, Strategien und Prozessen zu erhöhen (Dörfel und Wolf 2019). Ein entsprechender Ideenwettbewerb für Gesundheitsvorschläge mit entsprechender Incentivierung hat sich durchaus bewährt, die eine oder andere Maßnahme erfolgreich zu lancieren. Außerdem sollten die Herausforderungen und Bedürfnisse der Mitarbeiter, ebenso wie bedarfsgerechte Angebote, Dialogmöglichkeiten, das Ausprobieren neuer Kommunikationstechnologien und Methoden, Teil einer modernen Kommunikationsstrategie sein. Nicht jedes Kommunikationsinstrument passt zum Unternehmen. Dies erfordert den Erfahrungsaustausch über das gesamte Unternehmen und über die Grenzen des BGM hinaus, um eine adäquate Lösung zu finden.

2.2   Aufbau und Inhalt interner Kommunikation

Die interne Unternehmenskommunikation kann in drei verschiedene Kommunikationsansätze unterteilt werden (Pleil und Helferich 2019). Dies sind der dialogorientierte, der nutzerzentrierte und der datenzentrierte Ansatz. Beim *dialogorientierten* Ansatz liegt der Fokus auf direkter Kommunikation mit den Mitarbeitern und der Möglichkeit, ihrerseits an einem Diskurs teilzunehmen, wie zum Beispiel über Videokonferenzen. Der *nutzerzentrierte* Ansatz richtet sich im Rahmen eines BGM an den Mitarbeitern aus, die beispielsweise für BGF-Programme gewonnen werden sollen. Möglichkeiten bieten sich hier im digitalen Storytelling. Darüber hinaus sollte die Kommunikation hier insbesondere die Bedürfnisse und Interessen der Nutzer widerspiegeln. Der *datenzentrierte* Ansatz bietet sich hingegen nur bei vorhandenen Datenmengen (wie zum Beispiel über Gesundheits-Apps und Wearables) an, da diese genutzt werden, um möglichst präzise und zielgenau zu kommunizieren.

Der Schlüssel für eine erfolgreiche interne Kommunikation besteht in der Regelmäßigkeit und einer Mischung aus fachlichem und persönlichem Austausch (Breisig 2020). Für das BGM bedeutet dies, dass zum einen die Bedürfnisse der Mitarbeiter in Erfahrung gebracht werden und diese Mitarbeiter zum anderen auch entsprechend mit relevanten Materialien für Gesundheit sensibilisiert werden. So ist eine Kombination aus Gesundheitsplattform mit Austausch im Forum, regelmäßig angesetzten Videokonferenzen und Videotelefonie ein möglicher Ersatz für den persönlichen Austausch. Vorteile hierbei liegen in der schnellen Abrufmöglichkeit von fachlichen Informationen und Gesundheitsangeboten. Dennoch sollte die Kommunikation nicht unter den digitalen Bedingungen hinsichtlich Qualität und Intensität leiden. Sinnvoll ist es hierbei, den Schriftverkehr öfter einmal durch Videotelefonate zu ersetzen, um Mimik und Gestik im Gespräch mit seinem Gegenüber wahrzunehmen. Es handelt sich zwar nicht direkt ein Kommunikationsinstrument, aber im Zusammenhang mit regelmäßig stattfindenden Videokonferenzen bietet es sich an, neben dem operativen Geschäft und den Besprechungen nach beispielsweise 45 min gemeinsam eine „digitale Pause" mit leichten Übungen durchzuführen (diejenigen, die nicht oder anonym teilnehmen wollen, können einfach die Videoübertragung so lange pausieren).

Für eine gelungene digitale Kommunikation ist es insgesamt wichtig, dass die Informationen auf die Zielgruppe zugeschnitten sind und diese nicht unter einer Flut an Informationen begraben wird. Hierbei hilft es, die bereits genannten Kommunikationsansätze zu berücksichtigen, um Maßnahmen in den einzelnen Dimensionen (Dialog, Nutzer, Daten) zu systematisieren. Außerdem müssen Inhalt (was?), Instrument (wie?) und Ziel (wozu?) immer klar erkennbar und mittels sinnvoller Instrumente kommuniziert werden. Die einzelnen Medien und Instrumente des dBGM sollten nicht isoliert eingesetzt, sondern im Idealfall kombiniert werden. Bei der Auswahl und Kombination der Instrumente sollten immer sechs Fragen beantwortet werden:

1. Welche Art von Medium ist am geeignetsten?
2. In welcher Richtung verläuft die Kommunikation?
3. Wie groß soll die Reichweite des Mediums sein?
4. Welche Zielgruppe sollte angesprochen werden?
5. Wo liegt die Stärke des jeweiligen Mediums und wo die Schwäche?
6. Welche verschiedenen Kommunikationsgelegenheiten sollten durch das Medium bedient werden?

Durch die Beantwortung dieser Fragen sollte es gelingen, die geeigneten Instrumente zur erfolgreichen digitalen Kommunikation im BGM zu finden (Montua 2020).

2.3   Strukturierung der Instrumente des digitalem BGM

Die vorgestellten Instrumente im Rahmen des dBGM (Abschn. 1.2) sollten für eine systematische Nutzung strukturiert werden, um sie hinsichtlich ihrer Stärken und Schwächen für den Einsatz in der digitalen Kommunikationsstrategie untersuchen zu können. Eine simple Strukturierung unterscheidet in persönliche und unpersönliche Kommunikation. Persönlich bedeutet hier die Kommunikation mit einem Individuum, unpersönlich die Kommunikation mit einer breiten Masse (Walter et al. 2012; Hartley und Pickton 1999). Zielführender erscheint jedoch die Strukturierung der Instrumente in die drei Kategorien Informationssysteme, Softwarelösungen und Datenerfassung (Walle 2018). Als *Informationssysteme* gelten Gesundheitsplattformen wie das Intranet, andere Portale und Websites, Onlinedatenbanken und Online-Seminare. All diese Instrumente geben den Mitarbeitern Informationen und Tipps mit der Möglichkeit einer begrenzten Interaktion in Form von Kommentaren (Forum etc.). Gesundheits-Apps in Off- und Online-Varianten oder als mobile und Desktop-Version zählen zu den *Softwarelösungen*. Deren Stärken sind Möglichkeiten zur ständigen Abrufbarkeit, Datenspeicherung und Kommunikation mit anderen Mitarbeitern. Zur letzten Kategorie *Datenerfassung* gehören Messinstrumente und Sensoren sowie mobile Eingabegeräte (zum Beispiel Wearables in Form von Schrittzählern, Pulsmesser oder Smartphones). Diese können in Verbindung mit Gesundheits-Apps verwendet werden und liefern genauere Daten, die dann helfen, ein persönliches Profil eines Mitarbeiters anzulegen und daraufhin bedarfsgerechte Angebote zusammenzustellen (auch hier sind die Herausforderungen des Datenschutzes zu beachten). Über diese drei Kategorien hinaus lassen sich digitale Kommunikationsinstrumente weiter in informierende und motivierende Instrumente unterteilen. Als *informierende Instrumente* gelten Blogs, digitale Newsletter, E-Mails, Intranet, Apps, elektronische Mitarbeiterzeitschriften, Erklärvideos und Wikis. Image- und Moodfilme, Pod- und Vodcasts, Teamräume und Ehrungen sowie Glückwünsche in digitalem Rahmen erfüllen den Zweck *motivierender Instrumente* (Montua 2020). Auch Punktelisten, Highscores, Auszeichnungen und andere Bewertungen können in digitale Kommunikationsinstrumente eingebaut werden (Stieglitz et al. 2017). So wird der Austausch gestärkt, neue Denkmuster werden angestoßen und Mitarbeiter erfahren eine stärkere emotionale Ansprache und Wirkung als über unpersönliche und allgemeinere Informationen.

Im Zusammenhang mit der Motivation für Gesundheitsangebote wird dem „Digital Nudging" eine wichtige Rolle zuteil. Durch unterschwelliges „Stupsen" in eine Entscheidungsrichtung, ohne den Mitarbeitern dabei die Freiheit oder Selbstbestimmung zu nehmen, sollen diese sich unterbewusst zur Teilnahme an Gesundheitsangeboten entscheiden. Nudging gilt als eine freie Form der Steuerung, ohne dass die Entscheider bzw. Mitarbeiter dabei benachteiligt sind (Stieglitz et al. 2017). Als Beispiele für Digital Nudging bietet sich im dBGM eine Vielzahl von Möglichkeiten, die von der Auswahl der eingesetzten Instrumente abhängen. Denkbar für mögliches Digital Nudging ist die Darstellung von Anmeldezahlen für Gesundheitsangebote von anderen Mitarbeitern in Form eines Zählers auf der Gesundheitsplattform. Dieser kann auch neben den Anmeldungen die noch nicht belegten Plätze anzeigen. Ebenso können auch Zähler für absolvierte Schritte und andere in Zahlen darstellbare Werte rund um die Gesundheitsangebote im Unternehmen öffentlich sichtbar gemacht werden. Aber auch sämtliche Erinnerungsfunktionen, die über Wearables, Gesundheits-Apps und -portale übermittelt werden, können ein Nudging bewirken.

Als ein erster Ansatzpunkt, um dann auch eine geeignete digitale Kommunikationsstrategie zu etablieren, scheint das unternehmensinterne Intranet sinnvoll (Krämer et al. 2020). Mit vergleichsweise geringem Aufwand können Schritt für Schritt Informationen bereitgestellt sowie Maßnahmen und Angebote beworben werden. Je nach Funktionalität ermöglichen diese Plattformen auch den Austausch über Foren und verfügen über einen Chat, in dem Mitarbeiter, Gesundheitsverantwortliche und Führungskräfte zusammenkommen. Elemente wie Selbsttests oder ein Gesundheitsquiz fördern die Interaktion auf dieser Gesundheitsplattform und schaffen im Idealfall eine stärkere Bindung. Schrittzählerwettbewerbe von Mitarbeitern mit Wearables über verschiedene Abteilungen und Standorte hinweg schaffen ein Gemeinschaftsgefühl und weisen gleichzeitig Wettbewerbscharakter auf, wodurch die Motivation zur Teilnahme an Gesundheitsangeboten erhöht wird. Diese Maßnahmen wirken sich letztendlich positiv auf die interne Kommunikation aus und verdeutlichen, dass Kommunikationsstrategien im BGM von einem soliden Marketingverständnis profitieren.

2.4 Im Fokus: Kommunikation von Führungskräften

Führungskräfte genießen meist ein hohes Ansehen, haben eine gewisse Vorbildfunktion und sind gut vernetzt. Von diesen Eigenschaften kann und sollte die interne Kommunikation auch bei einem digitalem BGM Gebrauch machen. Führungskräfte sollten daher als Promotoren mit klarem Kommunikationsauftrag gewonnen werden, da sie Zugang zu allen Gruppen von Mitarbeitern haben (Walter et al. 2012).

Nach Schönfelder können Führungskräfte bei der internen Kommunikation, der Information und Motivation zur Teilnahme am BGM sogar vier verschiedene Rollen einnehmen (Schönfelder 2019):

1. Die erste Rolle ist die des Innovators. Hier geht es darum, das Vertrauen in die eigenen Kompetenzen und in die der Mitarbeiter zu erweitern. Dies soll durch aktive Kommunikation und die Ermöglichung von Freiräumen für die Mitarbeiter geschehen. Außerdem bieten die Führungskräfte hier den Mitarbeitern die Chance eines „spielerischen Umgangs mit der Realität".
2. Die zweite Rolle, die die Führungskraft einnehmen kann, ist die des Vernetzers. Hier geht es hauptsächlich darum, eine einheitliche Netzwerksprache zu etablieren. Weiter sollen Freiräume ermöglicht und die Eigeninitiative soll unterstützt werden. Wichtig sind die Vernetzung der Teilnehmenden mit Unternehmenspartnern und gegenseitiges Vertrauen.
3. Als drittes spielt die Führungskraft die Rolle des Sinnstifters und Motivators. Dabei soll die Leitungsfunktion verringert werden und gleichzeitig Verantwortung an Mitarbeiter abgegeben werden. So sollen verstärkt Eigenmotivation und eine eigene „Führungsphilosophie" entstehen.
4. Die vierte Rolle ist die als Entwickler und Begleiter. Es sollen situations bedingte Lern- und Entwicklungszusammenhänge aufgebaut und Fähigkeiten sowie Meinungen kennengelernt und ausgebaut werden.

Generelle Aufgabe der Führungskräfte im Hinblick auf ein dBGM im Unternehmen ist – neben der Ausübung der vier genannten Rollen – einen Überblick zu schaffen und generelle Informationen zu bestehenden Gesundheitsangeboten bei der Einarbeitung neuer Mitarbeiter weiterzugeben. Zusätzlich sollten regelmäßige Updates gegeben und Ziele gesetzt werden. Die Führungskraft trifft im Hinblick auf das dBGM grundsätzliche Entscheidungen und steuert, kontrolliert und bearbeitet das Feedback der Mitarbeiter. Wichtig ist, dass sie eine relativ hierarchiefreie Kommunikation zulässt, damit sich die Mitarbeiter mit ihren Anliegen und Anregungen ernstgenommen, gehört und verstanden fühlen (Walle 2018).

Literatur

Badura, B., Walter, U., Hehlmann, T. (2010). Betriebliche Gesundheitspolitik. Berlin: Springer.
Breisig, T. (2020). Führung auf Distanz und gesunde Führung bei mobiler Arbeit. Zeitschrift für Arbeitswissenschaft 74(3), 188–194

Dörfel, L., & Wolf, F. (2019). Trendmonitor Interne Kommunikation 2019. Wandel und Professionalisierung. Schwerpunkte zu den Themen. https://interne-kommunikation.net/trendmonitor-interne-kommunikation-2019/. Zugegriffen: 1. Oktober 2020.

Halbe-Haenschke, B., & Reck-Hog, U. (2017). Die Erfolgsstrategie für Ihr BGM. Wiesbaden: Springer Gabler.

Hartley, B., & Pickton, D. (1999). Integrated marketing communications requires a new way of thinking. Journal of Marketing Communications 5(2), 97–106

Krämer, K., Niederhäuser, M., & Rosenberger Staub, N. (2020). Interne Kommunikation von mittelgroßen Unternehmen: Bestandsaufnahme und Entwicklungsbedarf des internen Kommunikationsmanagements in der digitalen Transformation. https://blog.zhaw.ch/languagematters/2020/06/15/interne-kommunikation-in-digitaler-transformation/. Zugegriffen: 1. Oktober 2020.

Montua, A. (2020) Führungsaufgabe Interne Kommunikation – Erfolgreich in Unternehmen kommunizieren – im Alltag und in Veränderungsprozessen. Wiesbaden: Springer Gabler.

Nöhammer, E., Stummer, H., & Schusterschitz, C. (2014). Employee perceived barriers to participation in worksite health promotion. Journal of Public Health 22(1), 23–31.

Pleil, T., Helferich, P. S. (2019). Unternehmenskommunikation in der digitalen Transformation. In: Zerfaß, A., Piwinger, M., & Röttger, U. (Hrsg.) Handbuch Unternehmenskommunikation (S. 1–19) (Bd. 10). Wiesbaden: SpringerGabler.

Schönfelder, C. (2019). Digitale Kommunikation und Führung 4.0 – zum Potenzial neuer Kommunikationsinstrumente für aktuelle Führungsrollen. In: Stumpf, M. (Hrsg.) Digitalisierung und Kommunikation (S. 199–210). Wiesbaden: Springer VS.

Stieglitz, S., Potthoff, T., & Kißmer, T. (2017). Digital Nudging am Arbeitsplatz. HMD – Praxis der Wirtschaftsinformatik 54(6), 965–976.

Walle, O. (2018). Der Einsatz digitaler Lösungen zum Erreichen und zur Motivation von Beschäftigten in einem BGM. In: Matusiewicz, D. & Kaiser, L. (Hrsg.) Digitales Betriebliches Gesundheitsmanagement (S. 83-97). Wiesbaden: Springer Gabler.

Walter, N., Scholz, R., Nikoleizig, L., Alfermann, D. (2019). Digitale betriebliche Gesundheitsförderung. Zentralblatt für Arbeitsmedizin, Arbeitsschutz und Ergonomie 69, 341–349.

Walter, U.N., Wäsche, H., & Sander, M. (2012). Dialogorientierte Kommunikation im Betrieblichen Gesundheitsmanagement. Prävention und Gesundheitsförderung 7(4), 295–301.

Ansätze für eine gesunde Führung von Mitarbeitern haben sich mit der zunehmenden Popularität des BGM auch in der wissenschaftlichen Literatur etabliert. Interessanterweise zeigen Übersichtsartikel, dass ein gesunder Führungsansatz weder das Label „healthy" noch zwangsläufig die konkrete Zielsetzung Gesundheit beinhalten muss, um sich positiv auf die Arbeitszufriedenheit und das psychische Wohlbefinden der Mitarbeiter auszuwirken. In diesem Zusammenhang werden oft die Transformationale Führung und die Leader-Member-Exchange-Theorie genannt (Gregersen et al. 2016).

▶ **Transformationale Führung** Die Führungskraft erkennt die individuellen Bedürfnisse und Ziele ihrer Mitarbeiter und transformiert sie zu übergeordneten Zielen für die Organisation. Die vier Dimensionen einer transformationalen Führungskraft lauten (Peters 2015; Bass und Riggio 2006):

- **Idealisierter Einfluss („idealized influence"):** Authentisches Vorbild darstellen, Werte und Einstellungen vorleben
- **Individuelle Mitarbeiterorientierung („individualized consideration"):** Individuelle Bedürfnisse der Mitarbeiter erkennen und persönliche Entwicklung der Mitarbeiter fördern
- **Inspirierende Motivierung („inspirational motivation"):** Mitarbeiter durch Visionen motivieren, Sinnstiftung
- **Intellektuelle Stimulierung („intellectual stimulation"):** Ermutigung zu kreativem und innovativem Denken, Problemlösungskompetenz der Mitarbeiter erweitern

A. Ghadiri und T. Peters, *Betriebliches Gesundheitsmanagement in digitalen Zeiten*, essentials, https://doi.org/10.1007/978-3-658-32431-5_3

▶ **Leader-Member-Exchange-Theorie** Bei der Leader-Member-Exchange-Theorie steht die Austauschbeziehung zwischen Führungskraft und Mitarbeiter im Fokus, ohne ein generelles Führungsverhalten zugrunde zu legen. Vielmehr gilt es, individuelle Beziehungen zu Mitarbeitern aufzubauen und die Bedürfnisse des Mitarbeiters zu erkennen (Peters 2015; Graen und Uhl-Bien 1995).

Diese Führungsansätze stellen die individuellen Bedürfnisse des Mitarbeiters in den Fokus. Diese zu erkennen und zu erfüllen, wirkt sich dann letztendlich positiv auf die Mitarbeitergesundheit aus. Allerdings stellt sich an dieser Stelle die Frage, wie Führungskräfte die individuellen Bedürfnisse ihrer Mitarbeiter überhaupt erkennen können. Im Führungsansatz des Neuroleaderships – der Mitarbeiterführung nach neurowissenschaftlichen Erkenntnissen – stehen die Grundbedürfnisse des Menschen nämlich ebenfalls im Mittelpunkt. Hier werden konkrete Bedürfnisse aufgeführt, die auf psychologischer und neurowissenschaftlicher Forschung basieren (Peters und Ghadiri 2013).

3.1 Neuroleadership

Ein Ansatz für Neuroleadership basiert darauf, dass Führungskräfte die Grundbedürfnisse ihrer Mitarbeiter erkennen und durch entsprechende personale und organisationale Maßnahmen erfüllen. Die Bedürfnisse in Bezug auf den Führungs- und Arbeitskontext lauten (Ghadiri et al. 2012; Grawe 2004):

- Selbstwert („Self-Esteem"): unter anderem Wertschätzung, Anerkennung, Leistung & Wettbewerb, Status, Fairness
- Kontrolle („Control"): etwa Autonomie, Kontrolle haben, Macht & Einfluss, Fähigkeiten, Autorität
- Orientierung („Orientation"): zum Beispiel Überblick haben, Lernen können, Informiert sein, Richtung kennen (persönlich/beruflich bzw. Unternehmen), Sinnhaftigkeit
- Bindung („Attachment"): beispielsweise Beziehungen, sozialer Kreis, Unterstützung (Kollegen/Führungskraft), Vertrauen, Beziehung zum Vorgesetzten, Loyalität des Unternehmens
- Freude („Pleasure"): wie Freude haben, Spaß, Abwechslung, Zufriedenheit, Sicherheit, interessante Arbeit

Unter SCOAP werden diese fünf Bedürfnisse, angelehnt an die Konsistenztheorie nach Grawe (2004), für die Mitarbeiterführung zusammengefasst. Mit einem sogenannten SCOAP-Profile, einem Fragebogen zur Ermittlung der individuellen Bedürfnisse des Mitarbeiters und deren Erfüllung, können diese Bedürfnisse für jeden Mitarbeiter individuell in Erfahrung gebracht werden (Ghadiri 2017). Hierbei ist zu beachten, dass die Erfüllung dieser Bedürfnisse von Mensch zu Mensch unterschiedlich verfolgt wird. Während sich ein Mitarbeiter beispielsweise abwechslungsreiche und immer wieder neue Aufgaben wünscht, ist es für den anderen Mitarbeiter wichtiger, bestimmte Routinen zu entwickeln und seine Aufgaben „wie immer" zu bearbeiten (Bedürfnis nach Freude). Oder es gibt auch Mitarbeiter, die sich öfter mal wünschen, alleine und selbstständig zu arbeiten, während andere die sozialen Beziehungen im Team schätzen (Bedürfnis nach Bindung). Diese plakativen und überspitzten Beispiele sollen die Individualität unterstreichen, denn je nach Sozialisationsprozess des Mitarbeiters unterscheiden sich die Ausprägungen dieser Bedürfnisse. Die fünf Bedürfnisse geben somit eine Struktur vor, die eine Führungskraft für den Aufbau einer individuellen Beziehung zu seinem Mitarbeiter wie eine Art „Checkliste" nutzen kann. Der Fragebogen (SCOAP-Profile, siehe Abb. 3.1) kann dabei helfen, aber auch die simple Berücksichtigung dieser Bedürfnisse bei jeglicher Interaktion mit dem Mitarbeiter ist eine mögliche Herangehensweise, um den Mitarbeiter und seine Motive zu verstehen (Ghadiri 2017). Übertragen auf die digitale Welt gilt es, diese Interaktionen auf dafür geeigneten Medien stattfinden zu lassen. Videotelefonie oder Telefonate eignen sich in der Regel besser für den Austausch, da durch Haltung, Mimik und Gestik bzw. Stimme und Betonung mehr Informationen „gelesen" werden können als über E-Mails. Es wird deutlich, dass es eine Reihe von Herausforderungen mit sich bringt, eine vertrauensvolle, persönliche und gesunde Führung in digitalen Zeiten zu ermöglichen. Dies soll im Folgenden durch die Skizzierung von „Electronic Leadership" näher betrachtet werden, da sich diese Führungsstrategie explizit mit den Herausforderungen der Digitalisierung bzw. Führung auf Distanz auseinandersetzt. Die Befolgung dieser Strategie soll dabei helfen, eine gesunde Führung zu ermöglichen, welche die individuellen Bedürfnisse der Mitarbeiter berücksichtigt, soziale Beziehungen zu ihnen aufbaut und dadurch die Grundlage dafür schafft, dass alle Mitarbeiter gemeinsam die Unternehmensziele erfolgreich verfolgen.

3.2 Electronic Leadership

Unter Electronic Leadership oder E-Leadership ist die Führung von Mitarbeitern unter Zuhilfenahme und Nutzung elektronischer Medien zu verstehen.

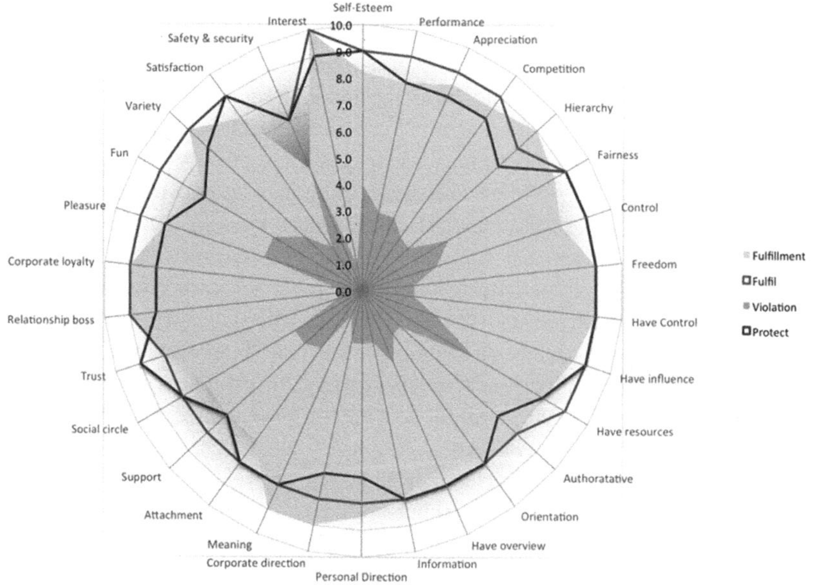

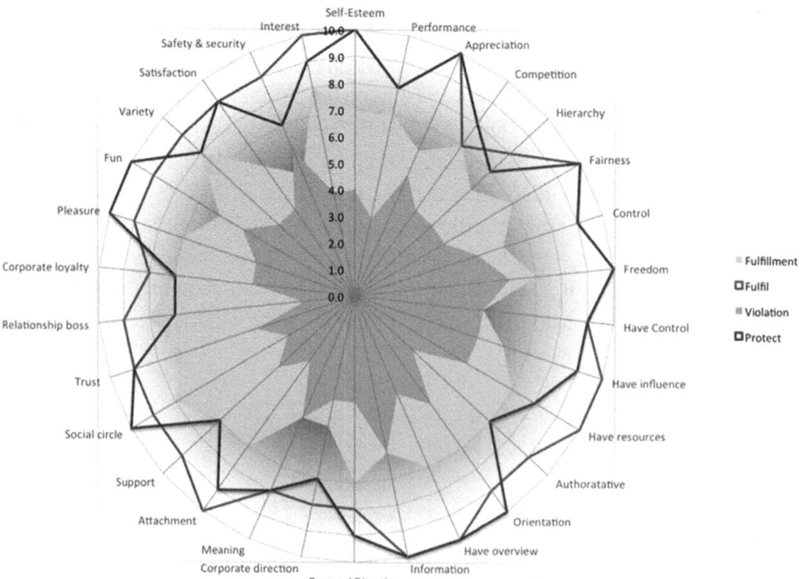

Abb. 3.1 Exemplarische Ergebnisse des SCOAP-Profiles

Informations- und Kommunikationstechnologien ermöglichen hierbei eine virtuelle Zusammenarbeit von Teams über verschiedene Standorte und Zeitzonen hinweg (Hertel und Lauer 2012). Mitarbeiter erhalten ein höheres Maß an Eigenverantwortung und die in einigen Branchen weitverbreitete Präsenzkultur weicht auf und entwickelt sich zu einer Ergebniskultur. Weitere Vorteile sind eine höhere Flexibilität der Führungskräfte und eine bessere Dokumentation der Arbeitsprozesse und Ergebnisse, da diese digital festgehalten werden und somit auch kein Medienbruch entsteht. Demgegenüber stehen auch einige Herausforderungen, die beim Electronic Leadership hauptsächlich deswegen entstehen, weil kein persönliches Aufeinandertreffen von Führungskraft und Mitarbeiter erfolgt. So ergeben sich unter anderem motivationale Probleme, wenn Führungskräfte und Mitarbeiter weniger direkten Kontakt von Angesicht zu Angesicht haben, da in der Regel erst dann kommuniziert wird, wenn etwas „Berufliches" geklärt werden muss – sonst übliche Begegnungen am Arbeitsplatz, ein Gespräch beim Kaffee oder das Grüßen auf dem Gang entfällt hierbei („Management by Walking Around"). Der informelle Austausch reduziert sich, was dazu führen kann, dass Mitarbeiter in der Anonymität untergehen und sich isoliert fühlen.

Einen möglichen Lösungsansatz stellt das „Management by Interdependence" dar. Hier wird beabsichtigt, das Gefühl der Zusammengehörigkeit zu steigern, indem hinsichtlich der Aufgaben, Ziele und Ergebnisse gegenseitige Abhängigkeiten geschaffen werden (Hertel und Lauer 2012; Hertel et al. 2004):

- **Aufgabeninterdependenz:** Führungskräfte verflechten die Aufgaben derart, dass sich für die Mitarbeiter die Notwendigkeit ergibt, aktiven Austausch zu betreiben und miteinander zu kommunizieren. Hier ist aber die richtige Balance gefragt: Während eine starke Verflechtung zu Beginn des Projekts dazu führt, dass das Team ein Wir-Gefühl aufbaut, kann es zur Vermeidung von Konflikten sinnvoll erscheinen, die Aufgaben mit Fortschreiten des Projekts zu modularisieren.
- **Zielinterdependenz:** Es bietet sich an, gemeinsame Ziele für die Mitarbeiter zu schaffen oder zumindest eine hohe Verflechtung auf Teilzielebene vorzunehmen. Mitarbeiter nehmen dadurch Ziele nicht mehr als individuelle Vorgaben auf, sondern arbeiten an einem gemeinsamen Ziel, wodurch das Arbeitsklima und Vertrauen im Team gefördert werden.
- **Ergebnisinterdependenz:** Ergebnisse sollen gemeinsam verantwortet und als Teamleistung erlebt werden. Hierzu bieten sich Incentives auf Teamebene an, die das Zugehörigkeitsgefühl stärken und die Identifikation mit dem Projekt erhöhen.

Mentale Gesundheit

Erkennen und Erfüllen der individuellen
Bedürfnisse der Mitarbeiter

Isolation vermeiden durch Schaffung von
Interdependenzen bei Arbeitstätigkeiten

Raum für persönliche Belange der
Mitarbeiter schaffen / virtuelle Events

Gemeinsame Vereinbarung von Kern-
und Vertrauensarbeitszeiten

Körperliche Gesundheit

Motivation zur Teilnahme an digitalen
BGF-Angeboten

Unterstützung bei der ergonomischen
Einrichtung von Homeoffice-Plätzen

(Gemeinsame) Durchführung von
Bewegungspausen bei Videokonferenzen

Bereitstellung von Gesundheitsplattformen
mit gesundheitsrelevanten Themen

Abb. 3.2 Empfehlungen für die gesunde Führung in digitalen Zeiten

Eine wichtige Erkenntnis für Führungskräfte sollte sein, dass sie ihr Selbstverständnis von Führung in einer digitalen Arbeitswelt anpassen. Das Vertrauen in die Mitarbeiter stellt eine wichtige Voraussetzung dar, da Mitarbeiter mehr eigenverantwortlich arbeiten. Führungskräfte sollten hierbei ihren Fokus darauf setzen, ein „Big Picture" zu vermitteln und mit den Mitarbeitern gemeinsam motivierende Ziele und Wege zur Erreichung zu formulieren (Graf et al. 2020). Abb. 3.2 fasst die Empfehlungen für die Führung in digitalen Zeiten zusammen.

Literatur

Bass, B. M., & Riggio, R. E. (2006). Transformational leadership (2. Aufl.). London: Mahwah.

Ghadiri, A. (2017). Grundbedürfnisse messen – Eine empirische Studie im organisationalen Kontext. Zeitschrift Führung + Organisation 86(1), 18–23.

Ghadiri, A., Habermacher, A., & Peters, T. (2012). Neuroleadership: A Journey through the Brain for Business Leaders. Heidelberg: Springer.

Graen, G. B., & Uhl-Bien, M. (1995). Relationship-based approach to leadership: Development of leader-member exchange (LMX) theory of leadership over 25 years: Applying multi-level multidomain perspectives. Journal of Organizational Behaviour 31(56), 338–350.

Graf N., Rascher S., Schmutte A.M. (2020). Teamlead – Führung 4.0. So führen Sie Teams synergetisch zu Höchstleistungen – Mit Tipps & Checklisten für die Praxis. Wiesbaden: Springer Gabler.

Grawe, K. (2004). Neuropsychotherapie. Göttingen: Hogrefe.

Gregersen, S., Vincent-Höper, S. & Nienhaus, A. (2016). Forschungsstudie Führung und Gesundheit – Bericht. Hamburg: Berufsgenossenschaft für Gesundheitsdienst und Wohlfahrtspflege (BGW). https://www.bgw-online.de/DE/Arbeitssicherheit-Gesund

heitsschutz/Grundlagen-Forschung/GPR-Medientypen/Downloads/BGW-04-07-014-Bericht-Fuehrung-Gesundheit_Download.pdf?__blob=publicationFile.   Zugegriffen: 1.10.2020.

Hertel, G., & Lauer, L. (2012). Führung auf Distanz und E-Leadership – die Zukunft der Führung? In: Grote, S. (Hrsg.) Die Zukunft der Führung (S. 103–118). Heidelberg: Springer Gabler.

Hertel, G., Konradt, U., & Orlikowski, B. (2004). Managing distance by interdependence. Goal setting, task interdependence, and team-based rewards in virtual teams. European Journal of Work and Organizational Psychology 13(1), 1–28.

Peters, T. (2015). Leadership – Traditionelle und moderne Konzepte. Mit vielen Beispielen. Wiesbaden: Springer Gabler.

Peters, T., & Ghadiri, A. (2013). Neuroleadership – Grundlagen, Konzepte, Beispiele. Erkenntnisse der Neurowissenschaften für die Mitarbeiterführung (2. Aufl.). Wiesbaden. Springer Gabler.

Arbeitsalltag in digitalen Zeiten 4

Der digitale Arbeitsalltag unterscheidet sich für viele Mitarbeiter stark von ihrem bisherigen Büroalltag. An einem anderen Arbeitsplatz und einer daraus resultierenden anderen Arbeitsorganisation rücken durch den digitalen Arbeitsalltag gleichzeitig neue Einflussfaktoren für die Mitarbeitergesundheit in den Fokus, welche durch ein dBGM abgemildert bzw. verhindert werden können. Dabei lässt sich die Arbeit in unterschiedliche Gestaltungsbereiche unterteilen, welche sich durch die Digitalisierung verändern (Petry 2019) und neben vielen Vorteilen auch Risiken für die Gesundheit der Mitarbeiter mit sich bringen. Diese Gestaltungsbereiche mitsamt ihren Herausforderungen und möglichen Lösungsansätze werden im Folgenden dargelegt.

4.1 Arbeitsorganisation

In Folge der Corona-Pandemie haben viele Unternehmen ihre Arbeitsorganisation verändert und neue digitale Kommunikations- und Arbeitsmittel eingeführt bzw. damit begonnen, vorhandene Systeme zu nutzen (nicht ohne Grund wird Covid-19 als stärkster Treiber der Digitalisierung bezeichnet). Viele Unternehmen möchten diese digitalen Neuerungen auch nach der Pandemie beibehalten (Book et al. 2020). Da die Neuerungen in der Arbeitsorganisation fast ausschließlich in der Nutzung digitaler Tools und Infrastruktur (zum Beispiel virtuelle Teamarbeit) bestehen (Winkler et al. 2020), steigt mit ihrer Nutzung auch das Risiko für die Beschäftigten, an digitalem Stress zu leiden.

Dieser resultiert entweder aus dem „Unvermögen", mit digitalen Technologien umzugehen, oder auch der zwanghaften Nutzung jener (nicht zu vergessen eine langsame Internetverbindung bzw. ein schlechtes WLAN-Signal). Digitaler Stress

A. Ghadiri und T. Peters, *Betriebliches Gesundheitsmanagement in digitalen Zeiten*, essentials, https://doi.org/10.1007/978-3-658-32431-5_4

kann somit entweder eine Belastungs- oder eine Abhängigkeitskomponente darstellen. Einige der Folgen von digitalem Stress sind die deutliche Zunahme von gesundheitlichen Beschwerden, eine verringerte berufliche Leistung und bei starken Ausprägungen auch die Beeinträchtigung der Work-Life-Balance (Hasenbein 2020; Gimpel et al. 2018). Zu den durch digitalen Stress entstandenen Gesundheitsbeschwerden zählen Kopfschmerzen, Schlafstörungen, allgemeine Mattigkeit sowie eine körperliche und emotionale Erschöpfung (Gimpel et al. 2018).

Digitaler Stress wird jedoch durch unterschiedliche Belastungsfaktoren ausgelöst. Als ein Hauptauslöser von digitalem Stress gilt der Druck durch eine empfundene Leistungsüberwachung. Mitarbeiter, die daran leiden, haben das Gefühl, dass durch ihre Nutzung von digitalen Technologien ihre Leistung überwacht und bewertet wird (Gimpel et al. 2019). Um diesen Belastungsfaktor zu minimieren, kann die Erstellung einer Betriebsvereinbarung dienlich sein, welche die Kriterien einer digitalen Leistungsüberwachung festlegt und den Verwendungszweck der gesammelten Daten klar regelt. Auch sollte den Beschäftigten der Grund erklärt werden, warum (wenn überhaupt) solche Daten erhoben werden (Gimpel et al. 2020).

Langsame, fehleranfällige oder instabile digitale Technologien bzw. die Unzuverlässigkeit der Technologie im Allgemeinen können ebenso zu digitalem Stress führen (Ayyagari et al. 2011). Hier hilft die Einführung von Standard-Lastenheften, anhand derer neue IT-Lösungen vor ihrem Einsatz getestet werden und nur dann eingesetzt werden, wenn die Standards erfüllt werden. Auch die Möglichkeit automatischer cloudbasierter Backupsysteme hilft gegen instabile IT und somit digitalen Stress zu minimieren (Gimpel et al. 2020).

Durch die umfassende und dauerhafte Nutzung digitaler Anwendungen kommt es vor, dass sich Mitarbeiter als gläserne Person (Gimpel et al. 2019) und durch die Nutzung digitaler Technologien in ihrer Privatsphäre verletzt fühlen (Ayyagari et al. 2011). Dem kann durch die Erstellung eines transparenten Datenschutzkonzeptes entgegengewirkt werden (Gimpel et al. 2020).

Auf der anderen Seite fühlen sich die Beschäftigten in Unternehmen, in denen Technologien zur Arbeitsprozesserleichterung nicht zur Verfügung stehen, zum Beispiel aufgrund organisatorischer Einschränkungen, in ihrer Tätigkeit beeinträchtigt, was insbesondere zu erhöhter Arbeitsunzufriedenheit führt (Gimpel et al. 2019). Hierfür ist es hilfreich, eine Anlaufstelle für Beschäftigte in der IT-Abteilung einzurichten, welche jedoch auch Schwachstellen und fehlende Technologien identifiziert (Gimpel et al. 2020).

Durch die ständige Erreichbarkeit und die vermehrte Nutzung digitaler Kommunikations- und Arbeitsmittel entsteht bei Mitarbeitern oftmals auch das

Gefühl, von Informationen überflutet zu werden. Sie sehen im Einsatz digitaler Technologien eine Zunahme und Beschleunigung ihrer Arbeit (Ragu-Nathan et al. 2008). Eine Möglichkeit, um dem entgegenzuwirken, ist die Einführung eines sogenannten Erreichbarkeitsmanagements: Die Mitarbeiter geben Zeiten an, zu welchen sie nicht erreichbar sind, um somit ohne Unterbrechungen arbeiten zu können. Darüber hinaus kann auch die Einschränkung der Erreichbarkeitstools, zum Beispiel durch den Verzicht auf Instant-Messanger-Dienste, ebenso die Anzahl an Unterbrechungen durch digitale Technologien reduzieren (Galluch et al. 2015) und darüber hinaus einer Überflutung entgegenwirken (Gimpel et al. 2020). Durch diese Maßnahmen sind die Beschäftigten nur über ausgewählte Medien und zu bestimmten, selbst definierten Zeiten bzw. nach Absprache erreichbar.

Ferner entsteht durch den digitalen Arbeitsalltag bei den Mitarbeitern eine Unklarheit über ihre Arbeitsrolle (Gimpel et al. 2019). Der Umstand, dass sie neben den fachgebundenen Aufgaben zu einem großen Teil auch technische Aufgaben übernehmen müssen, führt ebenfalls zu digitalem Stress (Ayyagari et al. 2011). In diesem Fall kann ein Help Desk, welches während der Arbeitszeit erreichbar ist und sich nach der Meldung um die Lösung des Problems kümmert, helfen. So werden die Zuständigkeiten wieder eindeutiger aufgeteilt und Mitarbeiter erhalten Unterstützung bei den neuen Herausforderungen, die das digitale Arbeiten mit sich bringt (Gimpel et al. 2020).

Der Druck, seine eigenen Kompetenzen bzgl. neuer und digitaler Technologien ständig anzupassen und weiterzuentwickeln, zeigt sich zudem im Gefühl der Verunsicherung, das im digitalen Arbeitsalltag verstärkt wird (Ragu-Nathan et al. 2008). Um der Verunsicherung entgegenzuwirken, muss den Mitarbeitern bei der Einführung neuer Anwendungen ausreichend Einarbeitungszeit gewährt werden. Außerdem kann ihnen explizit Zeit eingeräumt werden, um an entsprechenden Schulungen teilzunehmen. Dies unterstützt die Mitarbeiter auch dabei, die Komplexität digitaler Technologien einzudämmen (Gimpel et al. 2020).

Manche Mitarbeiter nehmen aufgrund der Nutzung digitaler Technologien im Alltag ihre erzielten Erfolge bzw. Arbeitsfortschritte weniger wahr und haben somit ein mangelndes Erfolgserlebnis (Gimpel et al. 2019). In diesem Fall kann es helfen, eine To-Do-Liste oder eine Have-Done-Liste zu führen. Aber auch eine lobende und wertschätzende Unternehmenskultur, die insbesondere durch die Führungskräfte gelebt wird, beugt diesem Umstand vor (Gimpel et al. 2020).

Auch die erwartete kürzere Reaktionszeit, die mit der Omnipräsenz der digitalen Technologien einhergeht, kann digitalen Stress hervorrufen (Gimpel et al. 2020), dabei spielt dieser Faktor auch im Bereich der Abgrenzung zwischen Beruf und Privatleben eine entscheidende Rolle (Ragu-Nathan et al. 2008). Zur

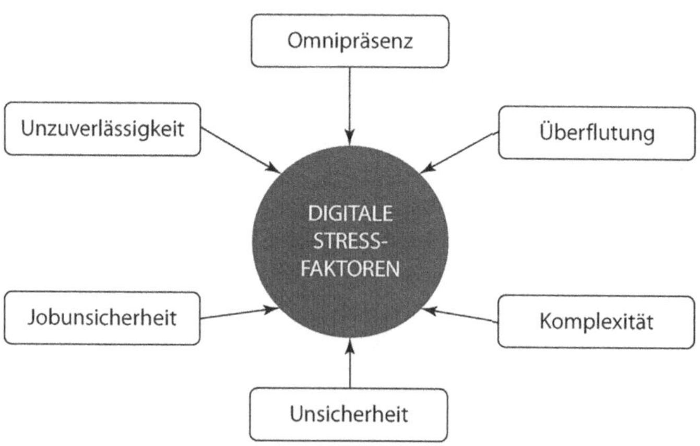

Abb. 4.1 Faktoren von digitalem Stress nach Tarafdar et al. (2011) und Adam et al. (2016). (Quelle: Hasenbein 2020, S. 158)

Vermeidung dieses Risikos gibt es mehrere Ansätze. Beispielsweise gilt es, die Unternehmenskultur dahingehend zu verändern, dass Erwartungshaltungen und Teamnormen bezüglich der Erreichbarkeit erstellt und mittels Kommunikation klar vermittelt werden.

Eine Übersicht über digitale Stressfaktoren bietet Abb. 4.1.

4.2 Arbeitsplatz

Winkler et al. sehen in einer Fortführung der arbeitsorganisatorischen Entwicklung die Entstehung von (digitalen) Arbeitsplätzen ohne eindeutige organisationale Zugehörigkeit (Winkler et al. 2020). Somit entstehen zum Beispiel Projektteams, welche sich nach Projektende wieder trennen und anschließend in neue Projektteams übergehen (Petry 2019). Aber auch die neu entstandenen Telearbeitsplätze bedeuten somit – bezogen auf den Arbeitsort – neue Herausforderungen für die Gesundheit der Mitarbeiter.

Im Homeoffice selbst lassen sich unterschiedliche gesundheitliche Risiken feststellen. Zum einen steigen Risiken, die mit der Wohnsituation zusammenhängen – auf diese hat das Unternehmen jedoch keinen direkten Einfluss. Der Arbeitgeber sollte jedoch seine Sicherheitsunterweisungen um Situationen im Homeoffice erweitern und diese gezielt an die Mitarbeiter kommunizieren (Bouziri et al.

2020). Außerdem sollten Mitarbeiter über die versicherungsrechtlichen Konsequenzen aufgeklärt werden und gegebenenfalls eine Berufshaftpflichtversicherung abschließen, falls der Arbeitgeber keinen zusätzlichen Versicherungsschutz für den Mitarbeiter unterhält (Eberhardt 2016).

Ein weiteres Problem bei Homeoffice-Arbeitsplätzen besteht darin, dass diese nicht immer den ergonomischen Ansprüchen entsprechen, die im Büro vorherrschen. In diesem Fall wird das Risiko von Muskel-Skelett-Erkrankungen begünstigt. Hier kann der Arbeitgeber jedoch durch eine finanzielle Unterstützung bei der Einrichtung eines gesundheitsförderlichen Homeoffice-Arbeitsplatzes unterstützen, zum Beispiel durch die Mitfinanzierung eines ergonomischen Stuhls (Bouziri et al. 2020). Weitere Unterstützung seitens des Arbeitgebers kann ein Ergonomie-Coach sein, der in einem gemeinsamen Analyse-Gespräch sowohl den Arbeitsplatz als auch die typischen Haltungsmuster und die physische Konstitution der Mitarbeiter bespricht (Kolthoff 2020).

Bei ausschließlicher Verrichtung der Arbeit im Homeoffice entsteht auch ein Isolationsrisiko im Zusammenhang mit einer sozialen Distanzierung am Arbeitsplatz. Eine Möglichkeit, dem entgegenzuwirken, bieten sogenannte virtuelle kollektive Arbeitstreffen (via Videokonferenzen), bei denen wie in analogen Kaffeepausen nicht nur über die Arbeit, sondern auch über andere Themen gesprochen wird (Bouziri et al. 2020).

4.3 Arbeitszeit

Mitarbeiter im Homeoffice arbeiten durchschnittlich 8,2 % mehr pro Tag als Mitarbeiter im Büro (DeFilippis et al. 2020). Dieser höhere Arbeitseinsatz könnte sich gegebenenfalls negativ auf die (mentale) Gesundheit auswirken. Die Mehrbeit kann jedoch durch eine verbesserte intrinsische Motivation ausgelöst werden, welche wiederum durch die gewährte Autonomie entsteht und somit in diesem Fall vermutlich keinen negativen Effekt auf die Gesundheit hat. Dennoch kann ein erhöhter Arbeitseinsatz trotzdem einen negativen Effekt auf die Gesundheit haben, nämlich wenn die Beschäftigten nur eine geringe intrinsische Motivation zeigen. Dies kann der Fall sein, wenn von Seiten des Arbeitgebers neue Kontrollinstrumente geschaffen werden, um die Produktivität der Mitarbeiter zu überwachen bzw. zu überprüfen. Beispielsweise sind hier überambitionierte Zielvorgaben zu nennen, deren annähernde Erreichung die Mitarbeiter nur mit erheblicher Mehrarbeit leisten können (Rupietta und Beckmann 2016). Weitere Gründe für die erhöhte Arbeitnehmerproduktivität im Homeoffice können auch eine verringerte Anzahl an Unterbrechungen im Arbeitsablauf und/oder die Möglichkeit einer individueller gestalteten Arbeitszeiteinteilung sein (Rupietta und Beckmann 2016).

Die individuell gestaltete Arbeitszeiteinteilung kann somit auch zu einer verbesserten Work-Life-Balance beitragen. Diese erhöhte Flexibilität zur Vereinbarkeit von Privat- und Berufsleben erleben circa die Hälfte der Beschäftigten als einen Vorteil (Böhm et al. 2019; Lott 2020) – besonders in Unternehmen, in welchen die Führungskräfte als fair wahrgenommen werden und Homeoffice durch zeitliche und vertragliche Regelungen als Instrument zur Vereinbarung von Privatleben und Beruf genutzt wird (Lott 2020). Durch eine einvernehmliche Vertrauensarbeitszeit und das Recht auf Nichterreichbarkeit (Heitmann et al. 2020) haben Mitarbeiter häufiger ausschließlich positive Work-Life-Balance-Erfahrungen gemacht (Lott 2020).

Jedoch setzt das Arbeiten aus dem Homeoffice voraus, dass die Mitarbeiter ihre Tätigkeiten verstärkt selbst kontrollieren und organisieren. Doch diese sogenannte Selbstkontrollanforderung kann unmittelbar sowie langfristig die psychische Leistungsfähigkeit sowie die Gesundheit beeinträchtigen (Schmidt und Diestel 2015). Um sich vor den Folgen hoher Selbstkontrollanforderungen zu schützen, sollten Arbeitnehmer am Abend aktiv auf Distanz zur Arbeit gehen. Dies gelingt zum Beispiel durch soziale Interaktionen mit Familienangehörigen oder Partnern, sportliche Aktivitäten oder andere Formen der Freizeitgestaltung. Arbeitgeber können durch Richtlinien für den arbeitsbezogenen Umgang mit mobilen Kommunikationstechnologien nach Feierabend zusätzlich Unterstützung leisten. Eine physische Distanz muss vom Arbeitgeber bewusst angestoßen und eingefordert und durch die Führungskraft vorgelebt und kommuniziert werden (Gombert et al. 2016).

Homeoffice-Lösungen können auch zu neuen Arbeitszeitmodellen führen, welche sich auf die Schlafgewohnheiten auswirken können. Ein ausgewogener Schlaf hat für die Beschäftigten einen erheblichen Einfluss auf ihre Stressempfindlichkeit bzw. ihr eigenes Wohlbefinden. Daher kann insbesondere für Mitarbeiter im Homeoffice ein Schlafbewusstseinstraining hilfreich sein (Liu et al. 2017).

Neben der Arbeitszeit und den Schlafgewohnheiten können sich durch Homeoffice auch die Ernährungsgewohnheiten der Mitarbeiter verändern. Zum einen gibt es die Möglichkeit eines vom Arbeitgeber subventionierten Mittagessens nicht mehr (Dribbusch 2020), andererseits besteht seitens des Mitarbeiters die Möglichkeit, selbst zu kochen (Pontius 2020). Jedoch gibt es keinen belegten Zusammenhang zwischen der Telearbeit und der Ernährung der Mitarbeiter (Henke et al. 2016).

Nachdem einige Besonderheiten des Homeoffices für die Mitarbeitergesundheit dargestellt wurden, sollen diese Herausforderungen abschließend an einem beispielhaften Homeoffice-Tag des fiktiven Mitarbeiters David-Lennart S. durchgespielt werden (Abb. 4.2).

Mit David-Lennart S. durch (s)einen digitalen Alltag

In David-Lennarts Unternehmen wurde nach der Corona-Pandemie und den positiven Digital-Work-Erfahrungen die Vertrauensarbeitszeit eingeführt. Darüber hinaus kann David-Lennart situationsbedingt entscheiden, ob er lieber aus dem Homeoffice arbeitet oder ins Büro fährt. Für Projektarbeiten, in welchen er Kreativität und Innovationsgeist beweisen muss, geht er gerne ins

Abb. 4.2 Beispiel für einen digitalen Alltag

Büro, welches neben Shared-Desk-Arbeitsplätzen auch eine interaktive Begegnungsstätte bietet, in welcher er auch leicht neue Kontakte knüpfen oder Projektarbeiten erledigen kann. Individuelle und administrative Tätigkeiten erledigt er jedoch lieber aus dem Homeoffice. Außerdem hat das Unternehmen seine Kernarbeitszeiten in einer Betriebsvereinbarung auf 11 bis 14 Uhr festgelegt, sodass David-Lennart seinen Morgen und Abend frei gestalten kann.

Nach dem Aufstehen geht David-Lennart daher jeden Tag 30 min joggen. Nach seinem Frühstück geht er an seinen Homeoffice-Platz, welchen er gemeinsam mit einem Ergonomie-Coach online eingerichtet hat und welcher von seinem Arbeitgeber mitfinanziert wurde.

Das cloudbasierte Intranet bietet David-Lennart direkten Zugang zu einem FAQ-Bereich bezüglich Datenschutzfragen, außerdem kann er von hier aus das firmeninterne IT-Helpdesk erreichen. Auf der Intranet-Gesundheitsseite kann sich David-Lennart zu digitalen BGF-Angeboten wie einem Video-Yoga-Kurs, aber auch zu IT-Schulungen anmelden, um die neue Kollaborationssoftware zum kreativen Arbeiten mit Kollegen auszuprobieren (sein Unternehmen investiert nach dem Lockdown in viele neue Tools und stellt dazu entsprechende Schulungen zur Verfügung).

Nachdem David-Lennart seine E-Mails gelesen hat, möchte er diese in den nächsten 90 min ungestört beantworten und andere Arbeiten erledigen, die seine Konzentration erfordern (die Daten aus der Excel-Tabelle muss er nämlich noch überprüfen, dafür braucht er absolute Ruhe). Hierzu kann er über ein Intranet-Tool alle Benachrichtigungen für die nächste Zeit deaktivieren.

Weil David-Lennart gerne neue Leute kennenlernt, er jedoch seltener im Büro ist, hat er sich über die Intranetseite für das sogenannte „Mystery Coffee" angemeldet. In diesem trifft er jede Woche via Video-Call gleichgesinnte, aber noch nicht bekannte Kollegen zu einem Kaffee oder Tee und fühlt sich so weniger isoliert. Außerdem gibt es auch innerhalb seines Teams einmal die Woche einen virtuellen Kaffeeplausch. Letzte Woche gab es die „Ugly Cup Challenge". Dabei hielt jeder seine Tasse in die Kamera und ein Sieger wurde von allen Teilnehmern bestimmt.

Nach dem Mystery Coffee hat David-Lennart ein für zwei Stunden angesetztes Brainstorming-Telefonat, um mit seinen Kollegen neue Ideen für ein Kundenprojekt zu entwickeln. Diese Zeit nutzt er, um währenddessen im Park spazieren zu gehen, dabei sind ihm bisher bereits einige gute Ideen gekommen.

Zur Mittagspause kocht sich David-Lennart immer ein frisches Mittagessen. Auf dem Gesundheitsportal findet er hierzu immer einen Plan mit Kochempfehlungen mit Gerichten, die in höchstens 20 min zubereitet werden können.

Weil ihm diese gut schmecken, stellt er eine Woche im Voraus seinen Speiseplan mit seinem Online-Coach zusammen, der ihm eine Einkaufsliste für die gesamte Woche zusammenstellt. Sein Essen nimmt David-Lennart nie vor dem Laptop ein, um so eine kleine „Digitalpause" einzulegen.

Einmal in der Woche jedoch kochen David-Lennart und seine Kollegen gemeinsam vor der Kamera: Die Mitarbeiter suchen abwechselnd neue Gerichte aus, einer gibt die Kochanweisungen und alle kochen gemeinsam live mit und vor ihrem Laptop oder Smartphone. Diesen Termin legen sie sich oft auf einen Freitag, da freitags die meisten im Homeoffice sind.

Nach dem Mittagessen muss David-Lennart administrative Aufgaben erledigen und ist währenddessen für andere Mitarbeiter über Telefon und E-Mail erreichbar. Auf die Nutzung eines Instant-Messanger-Dienstes verzichtet sein Unternehmen jedoch, um die Informationsüberflutung zu minimieren.

Anschließend nimmt David-Lennart an dem wöchentlichen Teammeeting teil. Sein Vorgesetzter bittet alle Mitarbeiter, bevor das Meeting beginnt eine kurze Bewegungspause vor der Kamera einzulegen. Und so machen alle unterschiedliche Übungen wie Hüftbeugen. Erst danach beginnt das eigentliche Meeting. Neben dem wöchentlichen Teammeeting gab es während des Lockdowns auch freitags „ein Bier nach Vier". Das war die Idee eines Kollegen, der damit argumentierte, dass ein Bierchen doch auch was Gutes für die Seele bedeutet. Schließlich haben sich viele angeschlossen und trafen sich virtuell und plauderten gemeinsam, ob nun auf ein Bier oder einen Kaffee, das war dann nicht mehr so wichtig.

Nachdem David-Lennart seinen Arbeitstag beendet hat, räumt er seinen Arbeitsplatz auf, schnappt sich ein Buch und setzt sich auf den Balkon, um von der Arbeit abzuschalten.◄

Literatur

Adam, M. T. P., Gimpel, H., Maedche, A., & Riedl, R. (2016). Design blueprint for stress-sensitive adaptive enterprise systems. Business & Information Systems Engineering, 59(4), 277–291.

Ayyagari, R., Grover, V., & Purvis, R. (2011). Technostress: Technological Antecedents and Implications. MIS Quarterly 35(4), 831–858.

Böhm, S. A., Baumgartner, M., Walther, M., Götz, T. M, & Breier, C. (2019). Gesundheitliche Effekte des digitalen Wandels am Arbeitsplatz: Ergebnisse einer repräsentativen Längsschnittanalyse der Universität St. Gallen im Auftrag der BARMER Krankenkasse. https://www.alexandria.unisg.ch/258578/. Zugegriffen: 1. Oktober 2020.

Book, S., Jauerning, H., Jung, A., Keller, M., Schulz, T., & Wille, R. (2020). Nach der Corona-Zeitenwende: Wie wir arbeiten, leben, wohnen werden. Spiegel 2020(37). https://www.spiegel.de/wirtschaft/corona-zeitenwende-wie-wir-in-zukunft-leben-und-arbeiten-werden-a-00000000-0002-0001-0000-000172863200. Zugegriffen: 1. Oktober 2020.

Bouziri, H., Smith, D. R. M., Descatha, A., Dab, W., & Jean, K. (2020). Working from home in the time of COVID-19: how to best preserve occupational health? Occupational and Environmental Medicine 77(7), 509–510.

DeFilippis, E., Impink, S. M., Singell, M., Polzer, J., & Sadun, R. (2020). Collaborating During Coronavirus: The Impact of COVID-19 on the Nature of Work. NBER Working Paper No. 27612. https://www.nber.org/papers/w27612.pdf. Zugegriffen: 1. Oktober 2020.

Dribbusch, B. (2020). Homeoffice in der Coronapandemie: Arbeitgeber fürchten Folgen. TAZ 2020. https://taz.de/Homeoffice-in-der-Coronapandemie/!5716423/. Zugegriffen: 1. Oktober 2020.

Eberhardt, B. (2016). Homeoffice mit Arbeitsschutz. Der Personalrat 7-8(2016), 24–27.

Galluch, P., Grover, V. & Thatcher, J. (2015). Interrupting the Workplace: Examining Stressors in an Information Technology Context. Journal of the Association for Information Systems 16(1), 1–47.

Gimpel, H., Berger, M., Regal, C., Urbach, N., Kreilos, M., Becker, J., & Derra, N. D. (2020). Belastungsfaktoren der digitalen Arbeit: Eine beispielhafte Darstellung der Faktoren, die digitalen Stress hervorrufen. PräDiTec, Ausgburg, Dortmund, Bayreuth. https://www.fim-rc.de/Paperbibliothek/Veroeffentlicht/1091/wi-1091.pdf. Zugegriffen: 1. Oktober 2020.

Gimpel, H., Lanzl, J., Manner-Romberg, T. & Nüske, N. (2018). Digitaler Stress in Deutschland: Eine Befragung von Erwerbstätigen zu Belastung und Beanspruchung durch Arbeit mit digitalen Technologien. Diskussionspapier. https://www.boeckler.de/pdf/p_fofoe_WP_101_2018.pdf. Zugegriffen: 1.10.2020.

Gimpel, H., Lanzl, J., Regal, C., Urbach, N., Wischniewki, S., Tegtmeier, P., Kreilos, M., Kühlmann, M., Becker, J., Eimecke, J., & Derra, N. D. (2019). Gesund digital arbeiten?! Eine Studie zu digitalem Stress in Deutschland. PräDiTec, Ausgburg, Dortmund, Bayreuth.

Gombert, L., Rivkin, W., Kleinsorge, T. & Schmidt, K.-H. (2016). Selbstkontrollanforderungen bei der Arbeit: Kann Abschalten am Abend schützen? Personal Quarterly 68(3), 20–24.

Hasenbein, M. (2020). Der Mensch im Fokus der digitalen Arbeitswelt. Heidelberg: Springer.

Heitmann, C., Fietz, T. & Zieschang, H. (2020). Sicheres und gesundes Arbeiten von zu Hause aus: Informationen und Empfehlungen zu Homeoffice und Vertrauensarbeitszeit. DGUV Forum. https://forum.dguv.de/ausgabe/5-2020/artikel/sicheres-und-gesundes-arbeiten-von-zu-hause-aus-informationen-und-empfehlungen-zu-homeoffice-und-vertrauensarbeitszeit. Zugegriffen: 1. Oktober 2020.

Henke, R. M., Benevent, R., Schulte, P., Rinehart, C., Crighton, K. A., & Corcoran, M. (2016). The Effects of Telecommuting Intensity on Employee Health. American Journal of Health Promotion 30(8), 604–612.

Kolthoff, J.-F. (2020). Ergonomie-Tipps fürs Homeoffice. https://www.humanresourcesm anager.de/news/ergonomie-tipps-fuers-homeoffice.html. Zugegriffen: 1. Oktober 2020.

Liu, Y., Song, Y., Koopmann, J., Wang, M., Chang, C.-H. D., & Shi, J. (2017). Eating your feelings? Testing a model of employees' work-related stressors, sleep quality, and unhealthy eating. The Journal of Applied Psychology 102(8), 1237–1258.

Lott, Y. (2020). Work-Life Balance im Homeoffice: Was kann der Betrieb tun? Welche betrieblichen Bedingungen sind für eine gute Work-Life Balance im Homeoffice notwendig? WSI Report 54. https://www.boeckler.de/pdf/p_wsi_report_54_2020.pdf. Zugegriffen: 1. Oktober 2020.

Petry, T. (Hrsg.) (2019). Digital Leadership: Erfolgreiches Führen in Zeiten der Digital Economy (2. Aufl.). Freiburg: Haufe.

Pontius, J. (2020). Endlich Mahlzeit! Zeit Magazin 2020(41).

Ragu-Nathan, T. S., Tarafdar, M., Ragu-Nathan, B. S., & Tu, Q. (2008). The Consequences of Technostress for End Users in Organizations: Conceptual Development and Empirical Validation. Information Systems Research 19(4), 417–433.

Rupietta, K., & Beckmann, M. (2016). Arbeit im Homeoffice: Förderung der Arbeitsbereitschaft oder Einladung zum Faulenzen. Personal Quarterly 68(3), 14–19.

Schmidt, K.-H., & Diestel, S. (2015). Self-Control Demands. Journal of Personnel Psychology 14(1), 49–60.

Tarafdar, M., Tu, Q., Ragu-Nathan, T. S., & Ragu-Nathan, B. S. (2011). Crossing to the dark side: Examining creators, outcomes, and inhibitors of technostress. Communications of the ACM, 54(9), 113–120.

Winkler, K., Heim, N., & Heinz, T. (2020). Transformationale Führung im Zeitalter der Digitalisierung: Ein Denkmodell. In Wörwag, S. & Cloots, A. (Hrsg.) Human Digital Work – Eine Utopie? (S. 189–204). Wiesbaden: Springer Gabler.

Zusammenfassung 5

Die Digitalisierung des BGM ist schon länger zu beobachten und hat durch den technologischen Fortschritt bei der Entwicklung von Wearables, Apps und sozialen Medien gute Möglichkeiten, in einen digitalen Arbeitsalltag integriert zu werden. Gesundheitsförderliche Maßnahmen können so effizient einer Vielzahl von Mitarbeitern angeboten werden und zudem eine gesicherte und konstante Qualität aufweisen. Doch die Sensibilisierung für gesundheitsrelevante Themen setzt eine persönliche Kommunikation voraus, die auf den ersten Blick durch digitale Instrumente schwer umsetzbar erscheint. Hierbei hilft es, die jeweiligen Medien systematisch anzuwenden und die Vorteile dieser Instrumente zu nutzen, wie zum Beispiel durch „Digital Nudging". Die Datenerfassung und die zielgruppengerechte Ansprache dienen hierbei dazu, gesundheitsrelevante Themen nicht in Vergessenheit geraten zu lassen. Erinnerungen an das Verändern von Verhaltensweisen sind ebenfalls ein simples und effektives Instrument, um Gesundheitskompetenzen aufzubauen. Eine entscheidende Rolle wird hierbei den Führungskräften zuteil, die ihr Führungsverständnis an die digitalen Zeiten anpassen müssen. Es gilt zunächst, die individuellen Bedürfnisse der Mitarbeiter zu erkennen und zu verstehen, um deren Gesundheit zu fördern. Strategien des Electronic Leaderships helfen dabei, die typischen Herausforderungen der Führung in Zeiten der Digitalisierung zu bewältigen. Denn der digitale Alltag bedingt zum Teil erhebliche Veränderungen in den Bereichen Arbeitsorganisation, -platz und -zeit, die wiederum Beeinträchtigungen der Gesundheit bedeuten.

A. Ghadiri und T. Peters, *Betriebliches Gesundheitsmanagement in digitalen Zeiten*, essentials, https://doi.org/10.1007/978-3-658-32431-5_5

Übersicht über konkrete Maßnahmen
- Unternehmen
  - Führungskräfte als Promotoren mit klarem Kommunikationsauftrag gewinnen
  - Hierarchiefreie Kommunikation zulassen
  - Bei der Führung die individuellen Bedürfnisse des Mitarbeiters in den Fokus stellen
  - Sensibilisierungsarbeit für das Thema Gesundheit leisten
  - Mitarbeiter motivieren
  - Digitale Instrumente einsetzen, um die Gesundheit der Mitarbeiter zu fördern:
      Online-Coaching-Plattformen/EAP
      Gesundheitsplattformen
      Gesundheits-Apps
      Wearables
      BGM-Komplettsysteme
  - Persönlichen Kontakt zum Gesundheitsverantwortlichen ermöglichen
  - Zeitnahe, transparente und an den Adressaten orientierte interne Kommunikation
  - Ausgewogenen Mix aus Push- und Pull-Kommunikation nutzen
  - Informationen bündeln und bedarfsgerecht weitergeben
  - Aktives Einbringen von Führungskräften durch Kommentare oder die Empfehlung von Angeboten
  - Bewertungen (Sternchen) oder Weiterempfehlungen (Likes) von Gesundheitsangeboten ermöglichen
  - Ideenwettbewerb für Gesundheitsvorschläge mit entsprechender Incentivierung
  - In der gewählten Gesundheitsplattform durch Elemente wie Selbsttests oder ein Gesundheitsquiz die Interaktion fördern und eine stärkere Bindung schaffen
  - Risiko für die Beschäftigten minimieren, an digitalem Stress zu leiden
      Erstellung einer Betriebsvereinbarung, welche die Kriterien einer digitalen Leistungsüberwachung festlegt und den Verwendungszweck der gesammelten Daten klar regelt
      Grund erklären, warum (wenn überhaupt) Daten erhoben werden
      Einführung von Standard-Lastenheften bei neuen IT-Lösungen
      Einsatz cloudbasierter Backupsysteme

Erstellung eines transparenten Datenschutzkonzeptes
Anlaufstelle in der IT-Abteilung/Help Desk einrichten
Einführung eines Erreichbarkeitsmanagements
Verzicht auf die ständige Erreichbarkeit über Instant-Messanger-Dienste
Komplexität digitaler Technologien eindämmen
Lobende und wertschätzende Unternehmenskultur leben
- Sicherheitsunterweisungen um Situationen im Homeoffice erweitern und diese gezielt an die Mitarbeiter kommunizieren
- Mitarbeiter über versicherungsrechtliche Konsequenzen von Homeoffice-Arbeit aufklären
- Einrichtung eines gesundheitsförderlichen Homeoffice-Arbeitsplatzes (finanziell) unterstützen
- Isolationsrisiko entgegenwirken durch Organisation von virtuellen Kaffeepausen
- Flexible Arbeitszeiteinteilung ermöglichen
- Richtlinien für den arbeitsbezogenen Umgang mit mobilen Kommunikationstechnologien nach Feierabend etablieren
- Mitarbeiter
  - Gesunde Arbeitspausen mit Bewegungs- und/oder Entspannungsmöglichkeiten einlegen
  - Gesundheitsangebote von Krankenkassen nutzen
  - Risiko minimieren, an digitalem Stress zu leiden
    Verzicht auf ständige Erreichbarkeit über Instant-Messanger-Dienste
    Selbst bestimmen, über welche Dienste und zu welchen Zeiten man erreichbar ist
  - Berufshaftpflichtversicherung abschließen, falls der Arbeitgeber keinen zusätzlichen Versicherungsschutz für den Mitarbeiter unterhält
  - Isolationsrisiko entgegenwirken durch Teilnahme an/Organisation von virtuellen Kaffeepausen
  - Nach Feierabend aktiv auf Distanz zur Arbeit gehen, bspw. durch
    soziale Interaktionen mit Familienangehörigen oder Partnern
    sportliche Aktivitäten
    andere Formen der Freizeitgestaltung
  - Schlafbewusstseinstraining

Was Sie aus diesem *essential* mitnehmen können

- Aktueller Stand des digitalen BGM und digitaler Angebote der Gesundheitsförderung
- Empfehlungen zur digitalen Kommunikation im BGM
- Gesunde Führung von Mitarbeitern in digitalen Zeiten
- Auswirkungen digitaler Arbeit auf die Mitarbeitergesundheit
- Empfehlungen zur Gestaltung eines digitalen Arbeitsalltags